Cuisine et dépendances affectives

Du même auteur
aux Éditions J'ai lu

Range ta chambre !, *J'ai lu* 8137

JUDITH LEROY
MARYSE VAILLANT

Cuisine et dépendances affectives

Pour mieux comprendre nos rapports à l'alimentation

J'AI LU

Bienêtre

Introduction

« Mange ta soupe, finis ta purée, arrête avec ces gâteaux, prends des légumes, moi à ton âge je mangeais de tout, laisse les bonbons ce n'est pas l'heure, ne touche pas, essuie-toi, mâche, ne parle pas la bouche pleine, on ne quitte pas la table sans demander la permission, on ne mange pas en dehors des repas, on boit entre les repas, pas de sucreries le soir... »

Quel parent ne s'est jamais angoissé en regardant l'appétit ou l'assiette de son enfant ? Que celui-ci mange trop ou mal ou pas assez, et voilà que, plus que sa santé, tout son avenir est en jeu ! Résonnent donc dans toutes les familles les injonctions à manger. À manger bien, ce qu'il faut, comme il faut...

C'est que l'acte le plus naturel, élémentaire, essentiel à la survie s'avère des plus complexes, et tient ainsi une place particulière dans l'éducation familiale. On ne mange pas n'importe quoi ni m'importe où ni n'importe comment.

Du biberon aux petits pots, de la purée aux hamburgers, des sandwichs aux réunions de famille, toute la maisonnée vit au rythme des repas, de leurs régulations comme de leurs compositions. L'invitation parentale, voire l'incitation, parfois même l'injonction ou la contrainte à manger, à manger correctement, à manger bien, repose sur des bases autant culturelles qu'affectives, ancrées dans l'histoire consciente et inconsciente de la famille. Car le rapport à l'alimentation est aussi fondamental que le rapport à l'amour, il s'enracine dans notre histoire infantile et dans les schémas culturels des lignées familiales. Mais il est aussi enchevêtré avec les « manières de table » et le respect des codes de conduite nécessaires à la bonne harmonie du groupe social.

Si on évite maintenant le lancinant « Mange ta soupe » qui a marqué notre passé infantile et familial, « À table ! » rebondit toutefois sur nos enfants, avec toute la charge des enjeux, des craintes et des rêves portés sur l'avenir de notre descendance. C'est comme l'acquisition d'un permis de conduite alimentaire, tant physiologique que comportemental et social. S'il est réussi, il autorisera les parents à laisser leur progéniture aller seule sur son propre chemin. Plus qu'un appel à venir manger le contenu de son assiette, c'est une leçon de vie. Et ce sont les multiples facettes de cette invitation que nous allons aborder ici pour mieux saisir les enjeux éducatifs de l'alimentation.

Dans cet ouvrage, trois familles sont mises en scène dans des situations courantes, commentées et approfondies ensuite par un éclairage psychologique, pour bien comprendre ce qui se joue sous les apparences. En parallèle, aides et conseils permettent à chacun de trouver ses propres solutions et ses propres recettes. Car l'éducation reste une alchimie mystérieuse qui s'apparente beaucoup à la cuisine : les meilleures réalisations sont souvent celles qui s'inspirent de recettes éprouvées, mais qui laissent place à la personnalité du cuisinier.

Alors, parents, à vos casseroles !

Voici une présentation des familles que vous verrez évoluer :

— Sylvie et Alain vivent dans une grande maison à Bordeaux. Alain, 39 ans, est cadre supérieur dans une banque ; Sylvie, 36 ans, travaille à temps partiel dans une boutique de décoration. Ils ont trois enfants, Hélène, 13 ans, Lucie, 8 ans et Victor, 7 ans. Les parents d'Alain, Henri et Jeanne, appartiennent à la bourgeoisie de la région. Les parents de Sylvie, Monique et Michel, sont des commerçants d'origine plus modeste.

— Alice, 35 ans, et Hervé, 46 ans, forment une famille recomposée et vivent dans une longère bretonne rénovée. Alice a divorcé de Didier après avoir eu ensemble Aymeric. Ce dernier va chez son père une semaine sur deux. Alice était infirmière libérale et Didier, chirurgien. Hervé est veuf, il est le père de Victoire, 21 ans et d'Agnès, 14 ans. Il est médecin de campagne. Ensemble, ils ont eu Amélie, 18 mois. Alice est actuellement en congé parental.

— Catherine, 41 ans, cadre au ministère de la Jeunesse et des Sports, est divorcée de Jean-Louis,

44 ans, journaliste. Elle est la mère de Coralie, 15 ans. Elles vivent ensemble dans un petit appartement parisien. Coralie voit son père un week-end sur deux et la moitié des vacances.

I
Au commencement était le sein...

Dans l'histoire d'un homme, l'alimentation est un acte central, et ne se limite pas au fait de manger. Dans l'histoire d'une famille, c'est la même chose. C'est pour cela que notre histoire commence là où débute celle de l'enfant, dans le ventre de sa mère. Ne dit-on pas que les seuls mots communs à tous les êtres humains sont « Papa » et « Maman », les premières associations de syllabes qui émergent du babil ? Mais souvent, pour la mère, le premier mot est « miam miam », « mmm mmm », ou toute autre vocalise qu'elle va associer à la faim. Ainsi se sent-elle appelée, dirigée vers son rôle de mère nourricière par les gazouillis de son nouveau-né. Ainsi, comme le ventre d'une femme fait naître l'enfant, le sein ou son substitut fera naître la mère.

L'origine du monde... est un ventre

« À partir de maintenant, vous devrez éviter tout ceci, dit le gynécologue en lui tendant une feuille photocopiée recto verso. Vous ne prendrez plus de médicament non plus, à l'exception du fer que je vous recommanderai plus tard. Attention, la grossesse n'est pas une maladie. Vivez votre vie comme vous l'entendez, mais oubliez les sushis, le vin blanc de l'apéro et toutes les sucreries. Nous devons faire attention à votre taux de sucre et surtout à ce que vous ne preniez pas de poids. Surtout, ne mangez pas pour deux ! Vous êtes déjà légèrement en surcharge, il ne faut surtout pas dépasser les 500 grammes par mois les trois premiers mois. Si toutefois vous pouvez manger quelque chose, parce que certaines femmes souffrent de nausées terribles. Dans ce cas, il faudra donc prévoir une ou deux biscottes sur la table de chevet pour ne pas vous lever le ventre vide. Allez, au revoir, bon début de grossesse et à dans un mois ! » finit-il, jovial.

Joviale, Claudine l'est beaucoup moins. À tel point que Sylvie, qui attendait dans la voiture, s'inquiète en voyant sa sœur traverser. « Quoi, il y a un problème, c'est pas une grossesse ? » « Non, c'est pas une grossesse, c'est un régime ! » lance Claudine, sa petite sœur de 28 ans, qui digère mal la mention du surpoids, elle qui met le même jean taille 42 depuis cinq ans.

Devenir mère

Pour que naisse l'enfant, il faut une mère. Tout commence là. Malgré la fadeur de l'évidence, il est important de ne pas l'oublier. Le lien se fait avec l'enfant dès la grossesse. Or, devenir mère ne se résume ni à « porter » le bébé dans son ventre ni à « accoucher ». L'instinct maternel n'existe pas, nous a appris Élisabeth Badinter. Et nous la remercions. Car il n'est rien de plus cruel que de se penser incompétente dans le rôle archaïque du mammifère que nous restons sous le vernis de la civilisation. Mais devenir mère n'est pas un processus biologique. C'est une transformation profonde qui se construit dans la relation entre une femme et un enfant. Dès le désir d'enfant et bien au-delà de la naissance. Ce processus se développe d'abord entre l'enfant imaginaire et la mère imaginaire que nous sommes en sortant du laboratoire d'analyse avec un taux élevé de bêta-HCG, ou lors de la première échographie, où nous devinons dans notre ventre une crevette avec un cœur de Formule 1. On en est encore à l'émerveillement sans savoir que ladite crevette va diriger notre vie pendant tout le temps de la gestation.

Alimentation sous contrôle

Diriger notre vie ? N'est-ce pas trop dire ? En tout cas, elle va régenter notre alimentation. Dès le début de la grossesse, chacun s'accorde pour demander à la future mère de changer ses habitudes pour le bien du bébé. On insiste depuis quelque temps sur l'abstinence totale d'alcool pendant les neuf mois de grossesse. On exclut également les fromages au lait cru et autres charcuteries artisanales. Pour peu que l'on ne soit pas immunisée contre la toxoplasmose, on éloigne également les fruits et légumes mal lavés, la viande peu cuite et la litière des chats (quoique cette dernière soit rarement un goûter apprécié, enceinte ou pas).

Vient ensuite le taux de sucre, qui sera gravement vérifié et strictement rectifié en cas de dépassement. Pour les générations précédentes, la grossesse était une période de liberté, voire de caprices, les envies particulières se devant d'être respectées sous peine de voir le nouveau-né marqué à la naissance, il fallait manger pour deux, voire veiller à suffisamment grossir. Aujourd'hui, c'est devenu une suite d'interdits alimentaires des plus stricts.

Statistiques et fantasmes

C'est que notre seuil de tolérance du risque avoisine le zéro. Or, risque il y a à donner la vie. Quand on sait les dégâts neurologiques de l'alcool, pour prendre un exemple fréquent, même à faible dose sur un fœtus, on conçoit que certaines d'entre nous s'interdisent d'en avaler la moindre goutte qui arriverait directement dans le placenta. D'autres se moquent de ces dramatisations : leur mère a bu un peu de champagne pendant sa grossesse, sans aucun dommage pour personne, elles ont trinqué également lorsqu'elles attendaient leur aîné. Pour elles, ces consignes sont trop rigides. Dans ce domaine, plus encore que dans tous les autres, les données médicales ne sont pas comprises de la même manière par tous. C'est ce qui fait la diversité du monde, et la diversité de nos rapports à l'alimentation. Certaines futures mères continueront à boire quelques verres de vin disséminés au long de leur grossesse, et nul ne les traitera de mères indignes ou inconséquentes. Ce sont simplement des femmes pour qui la chimie de l'alimentation placentaire doit rester du domaine du fantasme et ne peut être réduite à une série de statistiques. Car c'est bien de cela qu'il s'agit : toutes les futures mères ayant des chats sont suspectes si elles ne sont pas immunisées contre la toxoplasmose. Or il y a moins de cas de toxoplasmose contractée pendant une grossesse en Grande-Bretagne qu'en France. Est-ce à dire qu'il y ait moins de chats ? Ou moins de litières avec déjections félines ? Non, c'est qu'en Grande-Bretagne, la viande est mangée plus cuite qu'en France. Un des vecteurs du parasite est donc plus faible. Cet exemple pour nous rappeler que nous ne disposons – et ne disposerons jamais – de l'entièreté des données. Les vérités d'un jour ne sont pas celles du lendemain.

Une aventure humaine

La science nous permet de nous projeter dans des bébés parfaits dès la conception et nous accompagne pas à pas dans cette construction magique de la vie. À condition de suivre bien sagement les conseils des gynécologues obstétriciens, nous serons de bonnes usines à bébés. Du moins dans le domaine de l'alimentation. Tout passe par le placenta ; bébé mange autant la choucroute que le chocolat de sa maman. Certains affirment même retrouver chez l'enfant, quelques mois après la naissance, des affinités de goûts en lien avec les attirances alimentaires de la mère pendant la grossesse.

Devenir mère est donc également une aventure alimentaire que l'on gagne à préparer. La mère ne naît pas le jour de l'accouchement ; elle se construit elle aussi pendant neuf mois. Et ce temps de gestation fonde en partie l'éducation à venir.

Car, bien que manger soit naturel et instinctif, c'est surtout un acte relationnel, culturel, historique et social qui se doit donc d'être réfléchi pour soi-même avant d'être enseigné à sa progéniture. Se tenir debout et marcher, aller sur le pot, parler, rien n'est inné chez le petit d'homme. Le bébé sait téter, mais il doit apprendre à manger, comme il apprend à être propre et à parler. Se bien nourrir passe par l'éducation, pour la mère comme pour l'enfant. Il arrive même que la grossesse soit le premier temps où une jeune femme en situation de précarité ou d'insouciance acquiert quelques notions de diététique.

Comprenons ensemble

Rêve d'enfant, rêve de mère, rêve de famille

Avant d'être un espoir, un désir ou un projet, l'enfant est un rêve. Rêve d'enfance quand le bébé signifie l'accession à la vie adulte et à la féminité *via* la maternité, il prend ensuite toutes les figures du désir : aspiration à la fécondité, preuve de fertilité, urgence généalogique, pressions familiales, don ou demande dans un pacte amoureux, aboutissement d'un projet conjugal... Du rêve de bébé joufflu qui ne grandit jamais, aux nécessités transgénérationnelles, les fées sont nombreuses à se pencher sur le ventre rebondi de la future mère. Selon son âge, son histoire et ses amours, cette dernière fera avec ses propres rêves d'enfance, ses désirs d'enfant s'accrochant ou se dérobant aux rêves et aux désirs de ceux qui la côtoient. Le père de son petit d'abord, mais pas seulement. Ses parents à elle sont aussi présents, autant que ses parents à lui. L'annonce d'un nouveau-né met en branle toute la famille, les deux lignées, les vivants et les morts. Une pression qui se poursuivra tout au long du processus de filiation. La grossesse et l'accouchement puis l'allaitement confronteront la jeune mère aux attentes des uns et des autres, sans lui épargner les jeux de cache-cache de ses propres rêves enfouis.

Un bouleversement psychique

Grossesse, accouchement et allaitement sont des périodes de total bouleversement psychique. Les hormones seules n'expliquent pas que la jeune femme se sente mise à l'épreuve, jugée et jaugée à l'aune familiale. Tout son schéma personnel, ses références, ses modèles et ses aspirations sont revisités par l'expérience fondatrice et singulière qui la bouleverse. Elle rêve son petit et se rêve mère : il sera parfait, elle sera parfaite. Et tant pis si les ancêtres, les anciens et les familles ne sont pas contents, ce qui compte, c'est la boule d'amour qui pousse dans son ventre et qui la fait rêver la nuit.

Faire un enfant, c'est ajouter un chaînon aux lignées généalogiques et le leur dérober, le temps de la gestation, le temps du nourrissage. Car même né à terme, le petit, à sa naissance, restera totalement prématuré, totalement dépendant des soins nourriciers, des soins maternels.

Nourri pendant toute la grossesse grâce à la magique niche placentaire, le bébé humain, même à terme, vient au monde dans un état de prématurité absolue. Il lui faut encore quelques mois de totale protection avant de pouvoir se tenir debout et se lancer dans les apprentissages de la vie. Avec la parole, la pensée, la mémoire et l'imagination, toutes les découvertes du monde seront à sa portée.

Merveilleuse prématuration donc qui permet tous les espoirs : à partir des potentiels fabuleux du bébé, tous les apprentissages, toutes les acquisitions sont permis ! À la condition essentielle de survivre et de développer ses capacités. Pour cela, l'environnement affectif de l'enfant sera aussi important que son environnement sensoriel. De l'amour donc. De l'amour avec le lait, de la tendresse et du babil amoureux.

L'enfant va baigner dans la tendresse maternelle, sur fond de sécurité parentale et de symbolique familiale, et aspirer le lait de l'amour par la tétine ou le téton. Il avalera le monde et l'expulsera dans la chaude cacophonie que sa venue au monde aura déclenchée.

Le téton et la tétine

« Madame, nous allons mettre votre enfant au sein. Il faut qu'il mange. »

On fit se relever Alice, non sans peine, on lui mit le paquet aveugle dans les bras et on lui plaqua le bébé sur le sein. Mais rien ne vint.

« C'est peut-être parce que ses seins ne sont pas assez gros ?

— Ou bien ce sont ses tétons qui ne conviennent pas...

— Moi, ma belle-sœur, elle a souffert pendant trois jours avant d'être obligée d'abandonner !

— On va lui donner un biberon au petit, si ça continue...

On changea de sein, le petit pleurait, Alice sanglotait également, la famille présente était consternée, et rien ne se passa.

— Ne vous inquiétez pas, on réessaiera plus tard. » La sage-femme était la seule voix consolatrice dans ce concert de critiques inquiètes.

Le sommeil désespéré du fleuve Léthé offrit quelques minutes de répit avant que tout cela ne recommence. Puis vint le moment où Aymeric téta. Et Alice oublia les effarements du début...

Première rencontre

L'enfant est là, la naissance a eu lieu, heureuse ou douloureuse, toujours une aventure singulière, même à la quatrième fois. Avec un peu de chance, on vous l'a posé sur le ventre et se passe l'instant magique de la première rencontre, celle des regards. Puis celui du premier repas. Il est noté dans votre dossier si vous désirez allaiter ou pas. Aujourd'hui, il est fortement recommandé, pour ne pas dire explicitement intimé, d'allaiter. Vous avez donc choisi de bien faire. Le petit être geint, miaule presque et grimpe vers votre sein. Tout le monde pleure. Stop arrêt caméra.

Car si vous avez vécu cela, je vous envie ! Et je ne suis pas la seule. Le nombre de femmes qui allaitent leur enfant n'est pas aussi important qu'il le devrait, au vu des avantages incomparables que la science médicale, encore elle, attribue à l'allaitement maternel. Il se peut que vous ayez eu une césarienne et que votre enfant ne soit pas posé contre vous, en peau à peau, comme décrit dans tous les magazines, mais habillé dans le berceau de plastique transparent juste à côté de votre brancard dans la salle de réveil. Il se peut aussi que le petit se soit rendormi immédiatement et qu'il n'ait pas rampé vers le sein nourricier. Il se peut enfin que vous ne le désiriez pas, que vous ne le désiriez plus, cet allaitement, à ce moment-là, si vous avez souffert, si vous avez eu le sentiment de mal faire.

Réussir ou rater la mise au sein

Car elles sont nombreuses aussi, ces femmes qui ont l'intime conviction d'avoir « raté » leur accouchement. Et ce sentiment d'échec peut tout à fait côtoyer l'admiration, l'émerveillement, l'adoration devant le petit être encore presque aveugle qui vous est indéfectiblement lié dorénavant.

Viennent ensuite les trois premiers jours à la maternité, qui sont souvent maintenant les trois seuls. Plus ou moins chancelante, épuisée, vous vous apprêtez à faire ce qu'il y a de plus naturel au monde : allaiter votre enfant. Et cela ne marche pas. Il ne tète pas, il pleure, rejette votre sein. L'ensemble de la maternité, dans les bons cas, ou une seule aide-soignante fatiguée, dans les mauvais, est auprès de vous, pour vous encourager ou vous ordonner de réussir. L'allaitement est affaire de patience et longueur de temps. Et le temps est une denrée rare en maternité de nos jours. Car il ne s'agit pas toujours de pouvoir suivre son choix *a priori*. On peut avoir décidé pendant toute sa grossesse de ne pas allaiter par peur de la dévoration. Ou on peut, au contraire, avoir rêvé ce lien, continuation du ventre par le sein, et ne pas pouvoir allaiter.

DES ANTICORPS OUI, MAIS PAS À CONTRECŒUR

L'allaitement est une affaire individuelle et il ne s'agit pas de « forcer » une femme à allaiter, soit en lui interdisant tout autre choix, soit en la culpabilisant, comme cela arrive également trop souvent. S'il est indéniable que le lait maternel est le meilleur pour le nouveau-né, il n'est pas moins fondamental que, pour que l'enfant profite pleinement de ses qualités nutritionnelles, la mère doive être d'accord, profondément et intimement d'accord, pour donner le sein à son enfant. Des anticorps oui, mais pas à contrecœur.

Chacune d'entre nous a un parcours personnel qui peut légitimer un refus de l'allaitement. Personne ne devrait juger ce qui relève du choix intime et de la conscience individuelle. Toutefois, ce choix ne portera pas préjudice à l'enfant s'il est fait en toute connaissance de cause. Non pas entre les qualités de telle ou telle alimentation des premiers temps, mais en toute conscience de ses propres entraves et de ses propres difficultés.

Toutes les femmes enceintes produisent du lait, toutes les parturientes également, car c'est une production de l'esprit. Au sens propre du terme : le lait se fait avec le cerveau ! Nous ne sommes pas des réservoirs sur pattes, des biberons animés ou que sais-je encore ! Nous sommes des êtres conscients et habités, nous avons une vie intérieure indépendante de notre volonté, et c'est ce qui fait notre richesse.

Ainsi, ne pas culpabiliser quant au choix du biberon, ne pas penser (mais dire ce que l'on veut) que l'on n'a pas de lait. Assumer, au moins *in petto,* qu'il y a au fond de notre être une barrière irréductible à l'allaitement, si c'est le cas. Et ce n'est pas simple. Cela ne veut pas dire qu'il faut envoyer toutes les femmes optant pour le biberon chez le psy. Cela demande juste une réflexion individuelle pendant la grossesse pour être claire avec soi-même. Car c'est en ayant un rapport de confiance avec soi que l'on fonde un véritable rapport de confiance avec son enfant.

Comprenons ensemble

NOURRISSONS, NOURRISSONS !

Il tète et il s'endort. Il régurgite et s'agite. Il termine son biberon ou le refuse, il s'endort apaisé ou en larmes, il réclame et refuse de manger, il fait ses nuits ou tient ses parents éveillés... Pendant quelques mois, toute la vie du petit est rythmée par les repas. Tout ce qu'il faut préparer avant et assurer après. Il boit son lait, on le change, il dort, s'éveille et tout recommence. On comprend pourquoi le bébé a été longtemps considéré comme un simple tube digestif.

Aujourd'hui, chacun reconnaît que l'enfant est un monde affectif et sensoriel, et que la relation est aussi importante que le lait et les soins corporels. Reste que, pour la jeune mère, surtout celle qui est encore débutante dans l'art de jongler avec les multiples impératifs de la vie d'une femme, le bébé nouveau-né est avant tout un petit à nourrir. À aimer certes, mais à nourrir surtout.

On ne l'appelle pas nourrisson pour rien. Et nombre de jeunes femmes entendent l'impératif singulier caché sous l'appellation anodine. « Nourris ton petit, et fais-le bien ! » Voilà ce qu'elles entendent et qui occasionne autant de montées de lait que d'amers tarissements. Sois nourricière, comme ta mère, comme la terre. Sois à la hauteur de toutes les femelles de la Création qui enfantent depuis toujours dans la douleur et nourrissent leurs petits sans se plaindre.

Le règne de la culpabilité

Dans ces conditions, pour une jeune mère aux prises avec son histoire, même inconsciente, avec les pressions familiales, même de bonnes intentions, avec les aléas de son couple, même le plus harmonieux, il est difficile de ne pas se sentir comparée aux hordes des super nanas qui l'ont précédée depuis le Déluge.

Quoi qu'elle fasse, elle aura le sentiment de le faire moins bien que sa voisine, sa sœur, sa belle-mère et surtout sa mère. Si elle lit les magazines, surfe sur le Net, échange avec des amies, c'est pour se cogner aux bonheurs des autres, à leurs réussites, à leurs enchantements.

Alors, comme sa voisine, sa sœur, sa belle-mère et sa mère, elle va se sentir incapable, incompétente, novice, brutale, vulnérable. Nulle. Et coupable d'être nulle. Quoi que lui disent les dames de son entourage ou son mari ou ses parents, elle ne retiendra que les critiques. Car ce sont les critiques qu'elle se fait elle-même.

Avant d'apprendre à être suffisamment bonne, elle se voudra parfaite. Et mesurera chacun de ses actes au tableau d'honneur des femmes mythiques dont elle s'imagine être la piètre descendante. Les psys lui diront qu'une bonne mère n'est pas une mère parfaite. Son enfant lui dira qu'il la trouve tout à fait à son goût, mais elle, elle continuera à conjuguer le maternel à l'imparfait et à se le reprocher.

Espérons qu'avec le temps, et un peu de bonheur conjugal et amoureux, elle oubliera le temps du nourrissage et ses impératifs culpabilisants. D'autres scènes éducatives recueilleront ses attentions et exigeront qu'elle soit performante, mais tout ce qui concerne la nourriture gardera pour elle le goût des premières mises à l'épreuve. Dans la nourriture, l'affectif maternel n'est jamais bien loin.

Le temps du biberon

Les cernes d'Alice grandirent en même temps qu'Aymeric. Car le petit ne fit ses nuits qu'à 9 mois passés. Jusque-là, il se réveilla régulièrement à 3 heures du matin pour réclamer une part supplémentaire de lait, biberon qu'il ne finissait jamais mais qu'on ne réussit jamais non plus à lui refuser. Alice avait repris son travail d'infirmière libérale aux 3 mois révolus du bébé, le jeune foyer ne disposant pas de revenus suffisants pour permettre un arrêt plus long. Toute la famille plaignait et morigénait la mère, incapable d'élever son enfant correctement. Tout de même, 9 mois, c'est bien long, tu ne devrais pas céder à ses caprices, tu vas le pourrir, etc. Didier, le père, ne s'en préoccupait pas ; les pleurs du bébé ne l'ont jamais réveillé. Quelle que soit l'heure à laquelle elle commençait ses journées, Alice était toujours là, entre 3 et 4 heures du matin, biberon en main, puis berçant le petit. Elle se réveillait systématiquement quelques minutes avant lui, frissonnant de froid et détestant le réveil, elle se levait et mettait en marche le chauffe-biberon, tout en changeant la couche de son fils. On lui avait pourtant dit, à la maternité, de limiter les biberons nocturnes à la seule ingestion de lait, de ne pas l'accompagner de change et autres cajoleries. Il fallait que l'enfant comprenne qu'il faisait nuit, et que la nuit était destinée au sommeil.

Mais Alice adorait ces interruptions nocturnes, elle adorait le silence de la nuit et son enfant pour elle seule, Aymeric et elle, plus rien d'autre qu'eux, seuls au monde dans des retrouvailles secrètes et attendues.

Ouvrir le couple mère-enfant

Il vient toujours, le temps du biberon. Rares sont les enfants qui passent directement du téton à la cuillère. C'est aussi, souvent, le temps de l'introduction d'une tierce personne dans le couple soudé de l'enfant et de sa mère.

Un moment difficile... pour la mère ! Car si, comme dans la majorité des cas, le sevrage se fait autour du 4e ou 5e mois, le bébé, lui, ne trouve rien à redire à la découverte de nouvelles têtes. Il sentira en revanche la détresse maternelle et y fera spontanément et bruyamment écho. Mais l'angoisse de séparation est une étape du développement des bébés qui débute le plus souvent entre 6 et 8 mois. Ce moment n'est certes pas le meilleur temps d'introduction d'éléments étrangers dans l'univers devenu inquiétant du tout-petit. Si ce passage se fait à la crèche, les périodes d'adaptation que l'on va vous proposer sont importantes à respecter. Laisser le bébé une heure, d'abord, puis une matinée, etc., vous permettra de vous habituer à cette séparation et ainsi de supporter qu'une autre personne que vous le nourrisse.

Intégrer le père est fondamental. Mais il ne s'agit pas simplement de lui laisser donner le bain ou changer les couches. Car même quand l'allaitement se fait au biberon, il advient un temps nécessaire d'ouverture du couple mère-enfant vers le monde par le biais le moins évident, l'alimentation. On l'a bien compris dès à présent, c'est par la bouche que se prolonge le cordon ombilical matériellement coupé à la naissance.

Rythme et rites

N'oubliez pas, dans ces tout premiers âges, l'immense poids de l'habitude dans la vie d'un bébé.

Imaginez le nombre d'acquisitions neurosensorielles et psychomotrices qu'il fait pendant une journée. C'est un travail épuisant et déroutant par bien des aspects. Il est alors vraiment important de proposer à son enfant un rythme régulier avec des rituels particuliers à chaque étape de la journée. S'il est à la mode, dans les milieux urbains, de partager tous les moments (ou presque) de vie sociale avec son bébé, il n'est pas prouvé, loin de là, que cela soit un bien pour l'enfant. Ritualiser le biberon comme ritualiser le coucher permet de rassurer le tout-petit sur le cadre qui l'entoure et lui facilitera la relation à la nourriture, plus tard, quand il s'agira d'intégrer des aliments solides.

Pourtant, il ne s'agit pas d'éducation alimentaire. Le mieux que vous puissiez faire pour rendre les choses plus faciles par la suite est de suivre le plus longtemps possible le rythme de votre bébé. C'est-à-dire avoir quelques semaines de patience dans un premier temps, puis accepter les changements de rythme quand se réduira le nombre de tétées. Les règles mathématiques des manuels pédiatriques sont à prendre en considération certes, mais ne peuvent être respectées à la lettre, car elles correspondent à des moyennes statistiques, et votre enfant n'est certainement pas une statistique.

Faire confiance à son enfant

Alors pas de panique ! Tel enfant prendra plus au réveil qu'au soir, tel autre privilégiera le ou les repas de l'après-midi. L'intérêt de l'allaitement, qui peut pour certaines mères se transformer en véritable angoisse, est que l'on ignore les quantités ingurgitées. On fait confiance à l'enfant et à sa conscience de la satiété. Il ne sert à rien, bien au contraire, de contraindre un enfant soit à manger plus soit à manger moins. De la même manière, si bébé semble bouder le lait que vous lui proposez, changez. Certes, vous risquez d'acheter deux ou trois boîtes pour rien, mais à cet âge, contraindre revient à limiter ses capacités ultérieures d'apprentissage éducatif. Les premiers mois de vie de l'enfant sont des mois destinés à « finir » le prématuré qu'est le nouveau-né humain. Laissez-le donc terminer sa maturation tant physique que psychique. Avant 18 mois, toute forme de punition est inutile. Parlez à votre enfant, expliquez-lui simplement vos actions et vos désirs. Affirmez la confiance naturelle qu'il a en vous et vous gagnerez ainsi des batailles alimentaires sans même à avoir à les mener. De la même manière qu'un enfant porté quand il pleure durant les trois ou quatre premiers mois de sa vie sera un enfant peu sujet aux caprices après 1 an, un bébé dont on aura respecté les horaires et les quantités de lait (dans les limites d'un contrôle pédiatrique régulier évidemment) avant la diversification alimentaire vivra mieux cette période de changement pas toujours facile.

Sevrage et diversification

Un enfant nourri exclusivement au sein durant les cinq premiers mois de sa vie aura déjà testé nombre de saveurs différentes, puisque le lait de sa mère reflète l'alimentation de celle-ci. Rencontrer d'autres aliments lui sera d'autant facilité. En revanche, il aura peut-être plus de mal à accepter l'instrument qui lui servira à se nourrir. Un enfant nourri au biberon aura au contraire toujours connu un « instrument » permettant d'apaiser sa faim. Il aura en revanche connu une unicité de goût, car le lait maternisé est identique du début à la fin du biberon, et il n'est pas recommandé d'en changer trop souvent. De toute manière, les différences de goût sont minimes d'un lait à l'autre et n'ouvrent pas à la diversité.

Sevrer un bébé du sein de sa mère consiste en lui présenter un autre objet de nourrissage ; cela peut se faire avant ou pendant la diversification. Ou même après. Car rien n'interdit de maintenir la tétée du matin et/ou du soir bien après l'introduction d'aliments autres que lactés. Quand le bébé est habitué à la tétine, pour initier la diversification, remplacez l'eau du biberon par l'eau dans laquelle vous aurez fait cuire une courgette par exemple ou un autre légume vert. N'ajoutez surtout pas de sel : votre bébé n'en a pas besoin. Les jours suivants, vous pourrez introduire directement les légumes mixés dans le biberon de lait, en limitant d'autant la quantité d'eau et de lait. L'objectif est d'habituer ainsi l'enfant à manger une soupe plus épaisse que le lait liquide (même lorsqu'il est antirégurgitation) auquel il est habitué. N'oubliez pas de toujours faire correspondre 30 millilitres d'eau (ou de bouillon) à 1 mesure de lait. Si vous avez des allergies alimentaires, ou si le cas se présente dans votre famille, consultez votre pédiatre avant d'introduire certains aliments à haut potentiel allergisant. Quand la forme épaisse sera acquise par votre bébé, vous n'aurez plus besoin du biberon et pourrez passer à de nouveaux plaisirs : la petite cuillère !

Comprenons ensemble

Le monde vient par la bouche

Le nourrisson aspire le monde à travers sa mère, la tétine ou le téton. Il peut fermer les yeux et se refermer sur le bonheur qui lui coule dans le gosier, tiède, doux et onctueux. *Via* sa mère, ou la personne qui lui donne le biberon, le monde entier lui vient dans la bouche, pour peu qu'il aspire et tète avec vigueur ce qui lui est proposé.

C'est pourquoi bébé porte tout à sa bouche. C'est ainsi qu'il teste ses découvertes. Mais le monde lui chante aussi aux oreilles, gargouille dans son ventre, sent le chaud aimant, l'acide ou le froid, frissonne et babille. Tous les sens en éveil, ouvert aux nouveautés ou refermé dans son sommeil intelligent, le nouveau-né intègre des quantités invraisemblables d'informations qu'il lui faut digérer et assimiler.

Très vite, il va élargir le champ des explorations. C'est ainsi que notre gourmand mordra dans la vie pour apaiser ses gencives, jouera avec les objets pour tâter du monde, marchera vers les autres pour partager leurs jeux, retiendra ses selles pour faire plaisir à maman, parlera pour communiquer et s'exprimer.

Jour après jour, le monde qui entoure l'enfant s'élargit et se complexifie. Entre l'extérieur et lui, dans la plupart des cas, les parents aimants maintiennent un cordon de protection qui amortit beaucoup de chocs. La famille est là pour accommoder l'inconnu, l'apprivoiser, lui traduire ses messages et lui donner le désir, la force et les moyens de répondre à ses sollicitations. Le prédigérer en quelque sorte.

Car l'inconnu doit être apprivoisé, goûté, testé. Jamais la brutalité des choses et des gens ne doit venir faire effraction dans l'univers du nouveau-né, une bulle protectrice remplace la galette placentaire, c'est l'amour et la vigilance parentaux.

Même s'il ne porte plus toujours à sa bouche ce qu'il découvre, même si le monde lui arrive prédigéré, l'enfant doit l'assimiler, intégrer progressivement l'inconnu au déjà connu. Tout ce qui est nouveau, étrange, étranger, a besoin d'entrer en contact et en relation avec ce qui est ancien, connu et rassurant. Le rapport au monde se rode comme se rode la découverte de soi-même : par le jeu, le rêve, la parole. Et par la nourriture.

Quelques conseils pour vivre mieux

- Tout ce qui touche à l'alimentaire touche à la mère : biberon ou sein, le premier geste est maternel, même lorsque c'est une mère de substitution qui s'en charge. Et derrière la mère se profile toujours une autre mère.
- Une mère est toujours la fille de sa propre mère. Il vaut mieux ne pas l'oublier et faire avec

une évidence qui pèse bien souvent sur les premiers mois d'un nouveau-né.

• Un biberon donné avec amour sera toujours meilleur pour votre bébé qu'un sein donné à contrecœur.

• Ne laissez personne choisir à votre place : même avec la meilleure volonté du monde, celui ou celle qui vous conseille n'est pas à votre place. C'est vous la mère de votre enfant.

• Prenez les conseils qu'on vous donne comme des indications, des éclairages pour vous faciliter les choses ; jamais comme des diktats.

• Il est largement recommandé à celles qui le peuvent de pratiquer l'allaitement au sein exclusif pendant le premier mois du petit : un temps nécessaire autant à la mère qu'à l'enfant. Mais chacune fait avec sa réalité propre et non avec les conseils généraux.

• La seule règle d'or pour l'allaitement est difficile à suivre, mais elle est salutaire : faites-vous confiance et faites confiance à votre tout-petit.

• Il est écrit un peu partout qu'un nouveau-né a du mal à reprendre le sein après avoir tété à la tétine. De nombreux exemples prouvent le contraire, alors soyez cool, tout est possible.

• L'allaitement est une affaire également de famille, il est judicieux d'en parler avec le père et d'écouter ce qu'il a à dire.

• Pour votre enfant, vous formez un couple parental, dès maintenant. Il a besoin de savoir que vous êtes deux, en cohésion, que vous vous êtes mutuellement écoutés.

• Donnez au père son rôle de père : il est celui qui vous aidera à vous séparer de votre enfant, celui qui vous rappelle que vous n'êtes pas que mère, mais aussi compagne et femme. Il doit prendre le relais, même si vous répugnez à le passer.

• Un bébé a besoin de rituels et de rythmes réguliers, de calme et de tranquillité ; c'est aussi vrai pour l'alimentation que pour le sommeil.

• Les punitions et les reproches ne servent absolument à rien dans le domaine alimentaire, ils ne sont jamais utiles !

• La diversification alimentaire n'est pas nécessaire avant 5 ou 6 mois. Elle ne devrait jamais débuter avant 4 mois.

• Quand vous diversifiez, choisissez un légume à la fois, pour permettre une véritable découverte du goût.

• Attendez un peu avant d'introduire les fruits : le goût sucré plaît d'avantage par essence à l'enfant. Il sera intégré sans peine.

• Les petits pots sont très pratiques pour la découverte des légumes. Mais faites très attention à leur composition. Optez pour ceux qui ne contiennent QUE le légume. Il est absolument sidérant qu'une marque bien connue ajoute du sucre aux petits pots de carotte destinés aux bébés dès 4 mois. N'imaginez pas reproposer après de la carotte pure, sans sucre, à un bébé qui a goûté de la carotte sucrée ! Et on se demande ensuite pourquoi certains enfants boudent les légumes...

• De la même manière, optez pour des céréales à ajouter aux biberons riches en... céréales. On trouve, toujours destinés aux bébés dès 4 mois, des céréales comportant autant de maltodextrines que de riz. Et les maltodextrines sont des sucres qui ne disent pas leur nom ouvertement, mais ont exactement le même effet sur l'organisme du bébé.

• Donc limitez les apports en sucres ajoutés dès la diversification. Il y en a suffisamment dans le lait maternisé 2e âge.

II

Une cuillère pour Maman...

Heurs et malheurs de la cuillère

Sylvie regarde sa petite Lucie chipoter la purée de carottes qu'elle lui a pourtant préparée avec amour et diététique. Elle se souvient des premiers temps de l'enfant et de sa rencontre, désastreuse, avec la cuillère et la nourriture solide. Au fil des ans, elle a tout essayé, le « fait maison », les petits pots, les repas déjà préparés, rien n'a jamais bien marché. Lucie n'a jamais voulu respecter le trajet pourtant simple de l'assiette à la bouche par l'intermédiaire de la cuillère. Elle a beaucoup utilisé ses mains, même dans les plats chauds, et en a pleuré. Elle a peint avec les petits pots sur les murs de la cuisine, mais a rarement mangé ce qui lui était proposé à la cuillère. Lucie aimait les bananes, quand elle les prenait à pleines mains et pouvait elle-même préparer sa purée, sur le bavoir, sur la tablette de la chaise haute, par terre, sur les joues, les cheveux, le chat qui passait. Le désastre ménager était complet, mais le bébé ravi.

Sylvie a donc testé les cuillères ergonomiques, celles qui changent de couleur pour indiquer que c'est trop chaud, celles qui font de la musique, les cuillères en forme de souris américaine, etc. En vain.

Elle se souvient avec un même serrement de cœur qu'en prenant dans ses bras la petite qui couinait déjà, elle remontait mentalement ses manches et s'apprêtait à perdre un combat de plus. Elle regardait sa fille et ses yeux s'embuaient cinq fois par jour : « Pourquoi ne veux-tu pas ce que je te donne, ma puce ? »

Elle en pleurait si souvent, et elle en pleure encore.

MANGERA, MANGERA PAS...

Nouvelle étape dans la vie alimentaire de l'enfant et donc de sa famille, la cuillère peut être une source de joie et d'amusement autant qu'un véritable foyer de luttes et de guerres intestines et ravageuses. Pour Sylvie, le repas est un combat. Elle est persuadée qu'une mère doit convaincre son enfant à manger. Elle part donc d'un principe erroné à la base. Une mère ne doit pas « convaincre » son enfant à manger, elle doit lui permettre de le faire.

Que dit la sagesse populaire ? « On n'a jamais vu enfant se laisser mourir de faim. » Certains adages anciens portent en eux la sagesse de l'expérience, de l'accumulation d'expériences des générations passées, non pas plus sages que nous, mais plus nombreuses et qui ont cristallisé en formules laconiques des générations de sédimentations de pratiques diverses pour en retenir une forme de quintessence. Un enfant qui a faim mange. Un enfant qui n'a pas faim ne mangera pas. Ce qui était vrai pour le biberon l'est tout autant pour la cuillère. Mais le désarroi de la mère devant l'enfant boudant la nourriture n'a pas diminué avec l'apparition d'un objet de « grand ». Il faut pour cela relativiser et bien se mettre en tête que chaque pas en avant est précédé chez la majorité des enfants par quelques petits reculs.

LES DANGERS DE LA CUILLÈRE

Il faut aux petits, semble-t-il parfois, passer par des régressions pour progresser. Mais Sylvie est bien loin de ces considérations théoriques sur l'apprentissage et l'évolution des bébés. Elle ressent le problème dans sa chair de mère et reprend à son compte la formule traditionnelle : une cuillère pour maman, etc. La formule s'étend à la famille complète, mais la première phrase compte triple.

Sylvie sait bien qu'on ne nourrit pas son enfant pour soi, mais pour lui. On ne lui apprend pas à manger pour se faire plaisir, mais pour répondre à ses besoins physiologiques de base et y trouver son propre plaisir. Mais la cuillère est un premier élément d'autonomisation ; un jour, elle deviendra fourchette ou, pire, couteau. Et c'est là le problème.

Le biberon restera le biberon. Il n'y a pas d'équivalent d'objet de succion dans les instruments ménagers d'adulte. Alors, la cuillère porte en elle des germes d'autonomisation que Sylvie confond avec d'une part la fin du besoin maternel et d'autre part les impératifs de l'éducation, le savoir-vivre. Au temps de l'apprentissage de la cuillère, à l'heure de la diversification alimentaire, nous sommes encore très loin de ces deux moments. D'abord, parce qu'il faut au moins cinquante ans pour ne plus avoir besoin de sa mère, ensuite parce que l'éducation du type savoir-vivre, bien que fondamentale pour mener une vie équilibrée en société, est encore bien prématurée à cet âge tout à fait tendre.

Rassurons-nous, quand un enfant a faim, et qu'il a à manger, il mange. Salement peut-être, mais il mange...

Le plaisir de la cuillère

La cuillère est un instrument qu'il faut laisser à l'enfant le temps d'apprivoiser. Il ne fait pas la différence entre un objet qui sert à jouer et un objet qui sert à manger. Pour lui, tout objet est un jouet. La cuillère, c'est comme un hochet, quelque chose qu'on agite, qu'on lance et qu'on mordille. Quelque chose qui se teste, dans la jubilation et l'improvisation.

Et la nourriture n'a pour lui aucun caractère sacré. Il ne réalise pas les efforts faits pour préparer de bonnes soupes. Tout ce qu'il voit lui donne envie de jouer, autrement dit d'expérimenter. Et c'est par le jeu qu'il grandit, qu'il apprend le monde.

Pourquoi ne pas le laisser jouer avec la nourriture, le temps nécessaire de comprendre quelle en est l'utilité ? Il faut protéger l'entourage et garer le chien, mais l'enfant aura la joie d'apprendre et celle d'être félicité lorsqu'il fera bien.

À trop vouloir faire grandir un enfant rapidement, on risque de faire un adulte immature.

Comprenons ensemble

Les nourritures affectives

Même fondantes, moelleuses et bien sucrées, certaines nourritures affectives sont bien difficiles à avaler. Celles qu'on sert à table transforment parfois les repas en épreuve de force. Dans leur souci de bien faire, de nombreuses mères font du sevrage de leurs enfants un mélange de dressage et de gavage. Elles veulent tout à la fois maîtriser leurs petits et les forcer à accepter leur amour. À avaler leur amour.

Marquées par leur histoire et les temps archaïques où la femme n'avait d'identité que nourricière, elles confondent don de nourriture et don d'amour. Car c'est du don d'elles-mêmes dont il est question. Ce qu'elles donnent doit être accepté, même de force. Refuser de manger, c'est refuser de les aimer. Autrement dit, c'est les refuser. Refuser de se plier à leurs demandes, c'est nier leur compétence. Comme si l'éducation des enfants était la mise à l'épreuve des qualités de la mère.

L'affaire est souvent fort délicate. La jeune mère est hantée par le désir de bien faire : de faire mieux que sa mère, de faire comme on doit faire, comme c'est écrit, comme on lui a dit que c'était bien. Elle se donne alors pour challenge de « réussir » le sevrage de ses enfants.

Qui dit sevrage, dit séparation. Privation, manque. Celle qui craint d'avoir perdu l'amour de son petit en perdant le contact physique de l'allaitement n'est pas tout à fait certaine de la permanence de cet amour. Elle se focalise alors sur la propreté et sur les repas. Pour elle, ce sont des combats à mener, à gagner. En fait, ce sont des étapes essentielles du développement de l'enfant et de l'évolution de sa relation à sa mère. Des temps majeurs pour apprendre à vivre ensemble séparés.

Ces passages constituent donc des épreuves, car ils peuvent réactiver de nombreuses angoisses de séparation. Sans le savoir, en projetant leurs propres peurs sur l'enfant et ses apprentissages, beaucoup de jeunes mères peinent à trouver la juste distance qui rendrait les choses plus faciles à gérer. Car l'enfant ressent les angoisses maternelles, tels la crainte de la séparation et un de ses corollaires : le désir de toute-puissance et de perfection.

Des interactions délicates

Pour combler le vide insupportable que creuse la perte du corps à corps et de son illusion de complétude, la jeune maman anxieuse peut se lancer à fond dans son projet éducatif. Elle y met toute son âme, toute la vigueur de sa tendresse, tout ce dont le sevrage la prive.

Ainsi voit-on Lucie prendre la crispation de sa mère de plein fouet. Raidissement pour raidissement, la mère et l'enfant entrent toutes deux dans la danse des résistances réciproques. Elles peuvent ainsi prendre l'habitude de se mesurer l'une à l'autre, de se défier. Une interaction négative dont la mère ne sortira pas sans l'aide d'un tiers. Son mari en l'occurrence. En effet, si pour le père, nourrir sa fille est un acte basique dans lequel n'interfèrent aucun désir de perfection et aucune perte de corps à corps affectueux, l'ambiance familiale pourra se détendre. La petite cuillère proposée ne rappellera plus la perte du paradis perdu de l'allaitement.

Le plaisir de nourrir

Reste que la nourriture est toujours liée à l'amour. Beaucoup de mères attentent qu'un repas préparé avec soin soit accepté avec enthousiasme. Sinon, disent-elles, pourquoi me donnerais-je tant de peine ?

Elles oublient que la peine qu'elles se donnent est du plaisir qu'elles anticipent, celui de remplir l'assiette, le ventre des enfants et des maris, avec la complétude que ce geste apporte. Nourrir, combler, apaiser. Donner à l'autre ce qui nous manque, tout au fond de nous-mêmes : voilà le piège des nourritures affectives.

C'est pourquoi, non seulement les mères anxieuses, soucieuses de « réussir » l'éducation de leurs enfants et désireuses d'être aimées à travers les dons quotidiens que la gestion domestique leur impose, mais toutes les mères gagnent à prendre du recul sur la question de l'alimentation des enfants. Ce n'est qu'en demandant de l'aide et en s'ouvrant sur le monde qu'elles pourront « lâcher » leurs enfants et espérer abandonner leur rêve de perfection.

Car si la perfection en éducation est impossible, le désir de perfection, lui, est dangereux.

Des goûts et des couleurs...

« Qu'est-ce que c'est que ça, Maman ? C'est beau, c'est du plastique ? » Dès que c'est beau, pour Antoine, 6 ans, c'est du plastique. L'objet désigné est un magnifique potimarron qui trône sur le plan de travail de la cuisine.

« Non, ça se mange, mon cœur.

— Ah, beurk ! C'est pas bon ! J'en veux pas ! »

Évidemment, il le sait, lui, il a déjà essayé la grande majorité de ses Lego : c'est pas parce que c'est beau que c'est bon. Et le plastique, c'est pas bon.

« Mais si, tu vas voir, je vais cuisiner ça avec des pommes de terre et du gruyère, vous allez adorer.

— Maman, tu veux nous empoissonner ! »

Antoine n'aime pas plus le poisson que le plastique.

« On dit empoisonner, mamour !

— Et avec quoi veux-tu nous empoissonner, ce soir, ma chérie ? Oh, non, pas avec de la courge, tu sais bien que je déteste la courge ! reprend Hervé arrivant dans la cuisine.

— Ce n'est pas une courge, c'est un potimarron...

— Je suis sûr que c'est pas bon, moi je vais pas aimer. Et Amélie non plus, hein, Lili, tu vas pas aimer le petit marron orange ? »

Installée avec sa dînette à côté du canapé, Amélie heurte violemment une tasse orange contre le sol, en émettant des sons assez peu harmonieux. *A priori,* la couleur ne semble pas lui plaire...

Alice doit-elle prendre cela pour une réponse ?

Manger, mordre et mâcher

Il est temps pour l'enfant, après 6 mois, de manger du solide, même sous forme moulinée. Après les biberons de soupe, vous proposerez de la purée, dans laquelle vous pourrez aussi intégrer viande et poisson, en très petite quantité. Vérifiez avec votre pédiatre, en fonction de l'évolution staturo-pondérale de votre bambin, mais de 10 à 20 grammes par jour suffisent au début, pour atteindre 40 à 50 grammes à 1 an. Ne boudez pas les petits pots, ils sont bien pratiques et très contrôlés. Il en existe même des bio, en vente dans les grandes surfaces traditionnelles.

En un mot, ce temps de diversification est un temps de découverte autant pour vous que pour lui. Regardez-le, écoutez-le, ne le forcez jamais à finir une assiette, comme vous ne le forciez pas à finir un biberon. Les réactions négatives ne sont pas des interdits : reproposez, sans vous lasser, l'aliment sous diverses formes, plus ou moins liquides, avec ou sans fromage, avec du poisson ou de la viande, avec ou sans pomme de terre (qui est un bon liant et donne une consistance appréciée des petits).

ACCEPTER, REFUSER, EXISTER

Quand l'enfant grandit, il découvre un monde entier qui n'est pas fait pour lui. Et il manifeste parfois sa curiosité, parfois son désaccord avec ce monde qu'il doit, tant bien que mal, apprivoiser.

Entre 3 et 5 ans, il peut se mettre à refuser certains aliments, souvent nouveaux pour lui, mais aussi parfois qu'il connaissait et acceptait, pour peu que leurs formes changent. Cela s'appelle couramment, maintenant, les « néophobies alimentaires » et elles appartiennent au développement normal de l'enfant. Toutefois, accompagnées par l'injonction générale de manger cinq fruits et légumes par jour, elles rendent la vie difficile aux mamans, car ces néophobies se cristallisent souvent autour des légumes dont le goût, souvent peu sucré, ou la couleur peuvent déclencher des aversions violentes. C'est un cap difficile à passer, mais il est nécessaire de ne pas abandonner la lutte de la diversification, au sens strict du terme.

Ne vous faites pas un monde des refus, les enfants changent vite. Si vous ne décidez pas que votre bambin n'aime pas les épinards une bonne fois pour toute parce qu'il les a refusés trois fois, vous lui laissez la chance de les découvrir un jour, même vers 9 ou 10 ans !

Certains aliments toutefois resteront définitivement hors de son assiette, car il ne les aimera jamais. Mangez-vous de tout ? Réellement ? Régulièrement ? Allons, un peu de lucidité ! Ou d'humour. Jouez le jeu. Et soyez cohérent, vous éduquez autant par votre manière d'être que par vos injonctions. Si vous chipotez, si vous refusez de manger telle ou telle chose, votre petit, même encore au biberon, l'aura noté. L'imprégnation est l'éducation la plus fondatrice : profitez de ce temps de diversification pour ouvrir toute la maisonnée à de nouvelles choses, de nouvelles saveurs. L'enjeu n'est pas tant de faire manger de tout à votre enfant. Il s'agit plutôt de lui proposer une aventure alimentaire la plus ouverte possible.

Autrement dit, ne permettez pas que l'on refuse de goûter ; ne forcez pas à finir ; interdisez tout grignotage entre les repas et ne proposez pas systématiquement une option de remplacement.

MÉLANGER, DÉCORER, INVENTER

Mélangez, variez, gratinez, moulinez, décorez, inventez ! Mais surtout patientez...

Et faites participer ! Rien de tel pour apprivoiser un objet étranger que de le manipuler. Laissez votre enfant « cuisiner » avec vous, même à 4 ans. Certes, vous aurez du travail de nettoyage ensuite, mais d'une part, il vous aidera également, ne serait-ce que symboliquement, ensuite il n'aura plus la même réticence à manger. Car il aura franchi un pas vers cet inconnu qui le dérange. Cela fonctionne même – presque – avec les ados ! En tout cas, faire participer est une excellente manière d'introduire votre enfant à la diversité des goûts et des couleurs, ainsi qu'à la conscience que la nourriture n'est pas « produite » naturellement sous la forme finie qu'il boude ou dévore.

Comprenons ensemble

Mordre dans la vie

Intégrer des aliments inconnus demande un effort. Passer du doux et mou au dur et à l'amer, oser des saveurs nouvelles, risquer des modes de cuisson différents, autant de véritables sauts dans le vide pour la plupart des enfants. Le sucré qui rassure le corps sera toujours plus tentant que l'acide qui stimule l'appétit. Ce qui coule dans la bouche, plus agréable que ce qu'il faut longuement mâcher. Ce qu'on mange depuis l'enfance, plus rassurant qu'un mets exotique.

Les parents doivent alors poursuivre leur inlassable mission : apprivoiser le monde pour que l'enfant joue avec. La mère, en particulier, lorsqu'elle se charge des tâches domestiques et de la préparation des repas, se voit constamment tiraillée entre les valeurs sûres qui rassureront ses enfants et lui garantiront un repas paisible et les innovations qui seront reçues avec méfiance et transformeront le déjeuner en négociations partenariales.

Et pourtant, on ne peut se contenter de leur faire plaisir en les gavant de saucisses, de chips, de ketchup et de purée en poudre ! La télé, les magazines, les ouvrages éducatifs, chacun s'emploie à nous rappeler à nos devoirs : il faut diversifier. On doit se méfier des produits raffinés et des conservateurs, des graisses animales et des antioxydants. Et de harceler les jeunes mères pour qu'elles épluchent des légumes et des fruits et fassent découvrir de nouvelles saveurs à leurs petits.

Allons-nous contribuer à cette tyrannie du frais dans l'assiette du petit ?

Du landau au fourneau ?

Insister sur la métamorphose du cru vers le cuit n'implique pas que nous voulions rappeler les mères près des fourneaux. Loin de là. Pour élever les enfants aujourd'hui et les bien nourrir, il n'est pas nécessaire de cultiver un jardin potager ou de faire le marché tous les jours. À l'heure où beaucoup de femmes travaillent à l'extérieur et où celles qui restent à la maison ne veulent plus passer tout leur temps en cuisine, il existe bien des manières de faire évoluer les goûts et l'appétit de ses enfants.

La santé des enfants ne passe pas par le sacrifice des mères. Ce n'est pas parce qu'on ne sait pas faire la pâte à tarte et qu'on rate toutes les béchamels et autres mayonnaises qu'on ne peut pas enchanter les repas des enfants par de jolies trouvailles ni leur faire découvrir et apprécier des mets inédits, des saveurs nouvelles.

Même les mauvaises cuisinières peuvent être de bonnes mères.

Les fausses bonnes idées

Celles qui n'ont pas le temps de mijoter et celles qui n'aiment pas ça auront toutefois, comme les cordons-bleus, à se méfier de quelques-unes des tentations classiques qui minent tout projet éducatif. Car pour faire avaler le jus de betterave ou les haricots verts frais cueillis, tous les moyens ne sont pas acceptables. Ainsi, parmi les fausses bonnes idées, nous voulons insister sur l'habituelle démagogie familiale qui sévit presque autant dans le domaine de l'alimentation que dans celui de l'école.

Le profil bas n'est pas un bon profil parental. Le père et la mère sont les chefs de la cuisine et ce sont eux qui décident des repas. Chefs éclairés, ils prennent l'avis de chacun pour préparer le repas de tous. Et chacun devra goûter, à plusieurs reprises, avant de savoir s'il aime ou pas une nouveauté.

Les parents ne gagnent rien à éviter les conflits, à chercher tous les moyens pour faire plaisir aux enfants : apaiser les uns avec des frites, les autres avec des sucreries, acheter le silence ou l'affection ou l'amour... Aucune éducation ne fait l'économie de la contrainte. L'éducation alimentaire ne fait pas exception : c'est pourquoi la vie de famille passe nécessairement par de petites crises, crises de rire et crises de larmes.

Crises, cris et larmes

Que les parents qui n'ont jamais donné un bonbon à un enfant pour le calmer, le réconforter ou le convaincre, que ceux qui n'ont jamais fait miroiter le dessert pour faire passer les épinards ou jamais cédé, las, devant un garnement bien décidé à ne pas avaler une miette de son poisson me jettent la première pierre. Je ne crains pas la lapidation.

Nous l'avons tous fait et nous le ferons encore. Pas de quoi fouetter un chat ni une mère débordée.

Il faut toutefois être lucide : éduquer, c'est difficile. C'est répétitif, complexe et complet. Et il est difficile de ne pas mécontenter nos loupiots. Rien de bien grave toutefois, celui qui se fâche ou qui boude ne nous aime pas moins avec nos épinards qu'à travers notre fabuleuse crème au chocolat. L'amour passe par la bouche et le sucré certes, mais la relation aimante est bien plus complexe encore que la préparation et l'acceptation d'un repas.

Quelques conseils pour vivre mieux

- Les produits surgelés et les conserves offrent une palette suffisamment variée pour que l'assiette familiale soit appétissante, équilibrée et diversifiée sans qu'il soit nécessaire de passer des heures en cuisine. Toutefois, lisez bien attentivement les étiquettes !
- Remerciez les conserves qui gardent aux légumes leurs vitamines et les aliments surgelés qui sont tout épluchés.
- Introduisez régulièrement de nouveaux goûts dans votre cuisine, et ne vous laissez pas arrêter par un premier accueil mitigé, voire glacial.
- Ne permettez pas que l'on refuse de goûter un nouvel aliment.

• Ne proposez pas systématiquement des pâtes ou des pommes de terre en remplacement.

• Faites participer les enfants : placer les morceaux de potimarron et de pomme de terre dans le plat à gratin leur permet d'apprivoiser le nouveau légume et le rend ainsi moins inquiétant.

• Laissez-les lécher la cuillère, le fond du plat.

• Mélangez les brocolis (ou tout autre légume vert mal aimé) en petits dés avec des pâtes à la crème et des tomates-cerises, c'est délicieux et très sain. Les fibres et les vitamines des légumes accompagnent parfaitement les glucides des pâtes.

• N'oubliez pas les vertus du gruyère râpé. Quel que soit le légume, passé quelques secondes au four à micro-ondes pour le faire fondre, il en devient comestible.

• Faites goûter le parmesan également, si vous avez un enfant un peu rond qui doit éviter de trop grosses quantités de gruyère, c'est très savoureux et bien moins gras.

• N'oubliez pas les purées de toutes sortes de légumes : on en trouve dans les magasins de produits surgelés, pas très coûteuses. Choisissez-les autant que possible sans matière grasse ajoutée, de manière à contrôler les apports et à améliorer vous-même la recette. Cela économise beaucoup de temps et remporte un réel succès.

• Vous pouvez proposer un assortiment de purée : pommes de terre et carottes, ou haricots verts ou brocolis. Ne les mélangez pas vous-même, votre enfant le fera tout seul et se trouvera moins passif face aux aliments.

- Surtout ne passez pas tout au mixeur : il faut aussi du dur, il faut savoir croquer et mâcher pour bien grandir !
- Méfiez-vous du sucré. Il est à portée de main, partout, sous de multiples formes, et son omniprésence commerciale en fait un adversaire implacable. Tout ce qui est sucré, coloré, préfabriqué, voilà l'ennemi.
- Apprenez à composer avec, à pactiser avec l'ennemi sans lui céder. Régulez les apports en sucreries et lisez les étiquettes.
- Et surtout, même s'il n'a rien mangé à table, ne laissez jamais votre petit grignoter entre les repas, quel que soit son âge. Ce serait lui rendre la vie très difficile plus tard. N'oubliez pas que ce que vous faites aujourd'hui, pour lui, aura des répercussions demain...

III

Barre chocolatée ou daube mitonnée ?

Attention, la télévision peut faire grossir !

Il est 16 h 30. La cloche a sonné et les collégiens se sont éparpillés comme une volée de moineaux affairés. Hélène et ses copines se retrouvent dans la petite supérette qui jouxte quasiment l'établissement scolaire. Comme tous les jours, dans un jeu devenu rituel, elles arpentent les allées dédiées aux produits sucrés vantés à la télévision, entre deux émissions sur les dangers de l'obésité.

« Oh, t'as vu, ils ont les nouveaux gâteaux Minceur, au chocolat...

— Non, ils ne sont pas bons, ma mère les a déjà achetés, laisse tomber, on n'a qu'à prendre les goûters Rois, à la télé, il y a une nutritionniste qui dit que c'est plein de bonnes choses pour la croissance...

— Oui, mais je préfère les barres Jupiter, ça donne de l'énergie pour toute la journée.

— Bon ben, on prend un de chaque et on verra. »

Les trois petites silhouettes attrapent avidement les paquets, leur argent de poche de la semaine en sera sévèrement écorné. Parce que la veille, elles ont goûté de nouveaux bonbons à la vanille, entre autres nouveautés... Quand soudain, au détour d'une gondole, elles tombent nez à nez avec Sylvie. Hélène immédiatement passe son paquet de biscuits à Anne-Sophie, en priant pour que sa mère n'ait rien remarqué.

« Tiens les filles, mais qu'est-ce que vous faites là ?

— Bon, on achète de quoi goûter...

— Mais il y a tout ce qu'il faut à la maison, Hélène, tu le sais...

— Oui, Maman, mais on va chez Anne-So, et elle a plus rien. Bon ben on file, on a des devoirs. »

Et Sylvie reste plantée là, avec son Caddie rempli de légumes et de viande à cuisiner, avec l'impression collante d'avoir raté quelque chose dans cet échange avec sa fille...

« VU À LA TÉLÉ »

Nos enfants sont happés par le petit écran, quoi qu'on fasse pour les en éloigner et servir d'intermédiaire. Le message télévisé a la force de la répétition, l'impact de l'image et le poids autoproclamé mais persuasif de détenir la vérité. « Vu à la télé » évite toute argumentation. Les préados y sont particulièrement sensibles, car ils ont toujours connu le petit écran. Sa présence semble aussi immuable dans la maison que celle du réfrigérateur. Et ils regardent beaucoup la télé. Même s'ils n'en sont pas les plus gros consommateurs, ce sont peut-être les plus serviles. Car il y a à cet âge une nécessité de conformisme qui en fait de parfaits consommateurs. Et la télévision, quoi qu'on puisse penser de la qualité indéniable de certains programmes, reste essentiellement un messager publicitaire.

Les préados adorent les pubs : le format, la rapidité, la musique, tout correspond à leur temporalité propre, à leurs changements intérieurs : plus enfants mais toujours pas vraiment pubères. Ils sont passifs devant les messages tonitruants qui les marquent profondément. Et le danger réside dans la force de persuasion de ces messages. Car malgré de nombreuses discussions avec vos préados, vous réaliserez parfois que certaines affirmations télévisées sont plus ancrées en eux que la bonne parole parentale.

Des moulins à vent ?

Considérez-vous le travail de parent comme suffisamment fatigant pour ne pas, en plus, avoir à vous battre contre des moulins à vent ? Détrompez-vous, ce n'est pas un combat perdu d'avance. Pour vos enfants, même frôlant l'aventure pubertaire et ses remises en question, votre avis compte. Il ne faut pas baisser les bras. Soyez toujours critique quand cela vous semble nécessaire, et ne taisez pas vos remarques quant à la validité de tel ou tel argument. Par exemple, si un bonbon se vante de ne contenir aucune matière grasse, faites remarquer en riant que cela n'est pas nouveau, qu'il s'agit même de la définition première du bonbon, de n'être fabriqué qu'avec du sucre...

Vous ne gagnerez pas la bataille contre la télévision à cet âge, mais tout ce que vous direz restera inscrit quelque part dans la tête de votre futur adulte, et cette distance lui sera ainsi inculquée non par l'éducation active, qu'on dit d'inculcation, genre « fais pas ci, fais pas ça », mais par l'imprégnation – l'exemple et le bain verbal des réflexions quotidiennes –, qui est un mode tout aussi important, si ce n'est plus.

Les incitations au grignotage

L'essentiel est que l'enfant ne soit jamais prescripteur en matière d'alimentation familiale. Ce n'est pas lui, même bien informé par la télé, qui choisit ce qu'on achète et ce qu'on mange !

La plupart des messages publicitaires, mais aussi des séries américaines, décrivent des aliments et des comportements alimentaires incompatibles avec une diététique familiale naturelle et équilibrée. Car outre les gâteaux et bonbons du goûter, ou du grignotage comblant la « petite faim » mise en scène comme faisant naturellement partie d'une journée, ils vantent des produits industriels tout préparés, ne demandant qu'à être avalés. On les achète, on les avale, on les oublie.

Ces aliments oblitèrent ainsi bon nombre d'étapes essentielles à l'acte de se nourrir : de la préparation à la digestion en passant par la convivialité, et toutes les questions essentielles de budget familial et de la santé individuelle. En plus d'être onéreux, ces plats s'opposent en quelque sorte à la gestion domestique dont la mère est l'intendante, et font fi de toute l'éducation économique et écologique qu'elle essaie de mettre en place.

En effet, c'est en famille et surtout dans la cuisine que l'on peut enseigner un rapport au monde fondé plus sur le respect de la nature, qui nous est essentielle, et sur une manière active de faire partie de la société, que sur la simple et passive consommation. Il est fondamental, dans cette société qui considère l'obésité comme une épidémie, de replacer l'alimentation comme une action. Se nourrir est un acte complexe qui ne peut se réduire à consommer une denrée industriellement préparée pour combler la faim.

Le règne de la pilule nourricière n'est pas encore venu et nos enfants sont encore nourris en grande partie en famille. Restons-en à cette étape fondamentale de notre éducation et de notre culture.

Comprenons ensemble

Manger à la maison

La becquée ne dure que le temps du nid. Quant aux aléas de la cuillère, ils sembleront bien bénins à une mère d'adolescent rétif ou même de préadolescent qui, sans refuser encore le rituel du repas familial, trouve mille manières d'y déroger sous prétexte qu'il n'a pas faim.

Et la médiatisation d'autres modes d'alimentation, plus solitaires, plus fractionnés, est difficile à ignorer. Le modèle nord-américain, omniprésent dans les séries télévisées, donne à penser à nos gamins qu'on peut échapper à la mainmise parentale dans le domaine exigeant des repas. Pourquoi se soumettre aux répétitives cènes familiales ? Pourquoi faire le marché, éplucher les légumes et vider la poubelle alors qu'il est si facile d'avaler en vitesse une barre de céréales et de manger des bonbons chaque fois que la faim se fait sentir ?

Comme la diététique vise le long terme et que le temps des enfants se vit au jour le jour, ils peinent à comprendre les raisons qui nous font refuser leurs simplifications. Pourquoi faire tant d'efforts et d'efforts répétitifs ? Pourquoi vouloir à tout prix que la nourriture soit socialisée et familiale ? Pourquoi vouloir éduquer nos enfants à bien manger alors qu'il est si facile de se nourrir sans manière ?

Voici les questions qu'annoncent les virages pubertaires.

Régression généralisée

En effet, les goûts de nos chers petits vont changer ; même les plus dociles et les plus gourmets vont se sentir attirés par tout ce qui est précuisiné, préemballé, voire prémâché. Ils se voient bien avaler quelques pilules nourricières ou téter un gros biberon sucré légèrement alcoolisé dans lequel ils puiseraient les forces et l'ébriété qui leur semblent absolument nécessaires pour supporter le poids de leur carcasse et l'écume de leurs jours.

Chips, pizzas, petits gâteaux, sandwichs, barres chocolatées, packs de lait, bonbons et canettes de soda font bien l'affaire. Pourquoi se plier à la contrainte des repas ? Horaires fixes, autour d'une table, tenue correcte, attentions maternelles, invitation à goûter, à suivre le protocole des plats, etc., tout leur semble contrainte et tout est contraire à leurs penchants pour la facilité !

Sans réaliser le profond désir de régression que dévoilent leurs comportements, ils détestent tous les efforts que représentent pour eux les repas familiaux. Il est si fatigant de grandir, si épuisant de sentir en soi tous les changements troublants. Pourquoi ne pas laisser tomber les rituels familiaux répétitifs et lassants ? Certes, manger peut être un plaisir, mais pas prendre ses repas en famille !

Soupe à la grimace

Rien de plus tentant, lorsqu'on veut prendre de la distance avec sa famille, que d'en refuser les rites les plus marqués de dépendances affectives. Bouder les repas semble un premier acte de révolte adolescente et commence parfois bien avant la puberté.

On nous demande d'aller manger ailleurs, chez des copains, dans d'autres familles. Une bonne occasion de découvrir d'autres rituels, d'autres habitudes, d'autres contraintes. Et de voir que tous les parents tiennent peu ou prou les mêmes discours, quoi qu'en disent les copains.

Certains vont jusqu'à réclamer qu'on leur livre un plateau-repas dans leur chambre. Préférant la solitude et l'isolement qui créent l'illusion de l'autonomie, ils tentent ainsi de fuir la confrontation quotidienne à l'altérité. Lorsque vous les contraindrez aux repas collectifs, ils ne seront pas contents et vous le feront savoir. Soupe à la grimace garantie. Mais c'est le privilège de l'âge : on râle beaucoup à partir de 11 ans.

Celui qui rouspète ne sait pas qu'en le forçant à maintenir le minimum de convivialité qui le rattache à sa famille, vous lui offrirez le cadre dont il a besoin pour s'autonomiser. On apprend à vivre seul en apprenant à supporter les autres.

Dis-moi comment tu cuisines...

De retour dans sa grande cuisine blanche et inox, Sylvie repense à la rencontre fortuite avec sa fille dans les allées du supermarché. Mais quel besoin a donc cette gamine d'aller chercher des gâteaux là-bas alors qu'il y en a plein dans la boîte en métal réservée à cet effet ? Et des faits maison, qui plus est. Des bons sablés tout juste préparés d'hier. Cela n'aurait pas pris plus de temps de venir les chercher ici que d'aller faire la queue là-bas.

Tout en rangeant les légumes et en organisant les menus des deux jours à venir, Sylvie décide de changer de recette de biscuits. Hélène doit en avoir assez. Voilà l'explication, elle fera donc des tuiles aux amandes.

Le problème étant réglé, il s'agit maintenant de préparer la daube de bœuf pour ce soir. Sylvie hume de manière soupçonneuse la blanquette de la veille. « Personne n'en a voulu ; personne n'en voudra ! » décrète-t-elle. Et elle jette à la poubelle le contenu de la cocotte. « Pourtant, j'y ai passé du temps. Vraiment, c'est fou ce que cette famille est ingrate. Ils pourraient au moins manger de bon cœur, puisque c'est fait avec amour... et avec beaucoup de soin ! C'est pas comme si je leur donnais des boîtes ou du surgelé ! Que du frais ! Et voilà que je suis encore obligée de jeter ! »

Gageons que demain la daube finira au même endroit que la blanquette...

La blanquette sacrificielle

Loin de rêver des pilules nourricières et des repas complets en perfusion, certaines mères tiennent au contraire à réunir et à nourrir leur famille avec leur amour et leur art. À tout prix. Heureusement, entre la facilité des plats tout préparés à chaque repas et l'immolation des mères aux dieux des fourneaux, il y a un juste milieu. La blanquette sacrificielle n'est pas digeste !

Même délicieuse, elle n'est pas supportable tant elle nous ramène à l'enfance et à une surenchère de dépendance affective, qui peut aller jusqu'à la nausée. Cela revient au terrible « Une cuillère pour Maman ».

Outre leur charge affective, nous voulons insister ici sur l'aspect familial, économique et écologique de l'apprentissage des repas. Jeter de la blanquette pour refaire de la daube, c'est comme brûler de l'argent sous les yeux de vos enfants. Même pour qui en a les moyens, c'est oblitérer toute notion de respect de la valeur de l'argent, qu'il soit rare ou abondant, gagné, donné ou même hérité.

Dans ce domaine d'éducation familiale, n'oubliez pas que ce que vous faites est tout aussi important, voire plus, que ce que vous dites. Inutile donc de reprocher aux enfants l'usage qu'ils font de leur argent de poche si vous gérez votre budget alimentation sans prudence. Les petits yeux qui vous regardent vous observent et en tirent des leçons.

Recyclage et modestie

On peut faire ce qu'on veut quand on est célibataire et que la tranche de jambon nous paraît valoir toutes les daubes. Il en est autrement lorsqu'on a des enfants et qu'on veut les éduquer. Il est judicieux alors d'apprendre à recycler ce qui se consomme. L'art d'utiliser les restes est un art superbe, une des preuves du génie féminin. Proposer le même plat deux jours de suite n'est pas infamant. Mais on peut aussi jouer de l'imagination et varier son aspect en enrichissant son contenu.

Et surtout, que celles qui choisissent de prendre du temps en cuisine cessent de s'en plaindre ! Ce n'est pas cette récrimination qui donnera de l'appétit à leur petite famille. Il est des manières intelligentes de se simplifier la vie. Dans ce domaine, entre les conserves et les surgelés, nous avons largement de quoi varier les menus sans nous épuiser. D'ailleurs, les légumes surgelés sont tout aussi savoureux que les frais, ils nécessitent moins de temps de travail et sont donc plus faciles à gérer.

Reconnaissons-le, toutes les femmes ne sont pas faites pour être des mères au foyer, et toutes les mères au foyer ne sont pas obligées d'être des esclaves ni du fourneau ni du landau. Il y a dans l'attitude de Sylvie une soumission acceptée, recherchée, voire revendiquée, qui peut être difficile à vivre pour sa famille.

Comprenons ensemble

LE CRU ET LE CUIT

La cuisine ! Quelle polysémie fondatrice dans ce simple mot ! Qu'est-ce que la cuisine ? La manière d'apprêter ou d'accommoder les aliments selon des recettes, des traditions. Un grand art où excellent quelques grands chefs, des hommes pour la plupart, votre mère, ma fille, et de nombreux cordons-bleus domestiques ou gastronomes. Un espace usuel, la pièce de la maison où œuvrent depuis toujours des hordes de femmes, de mères... Du piano des maîtres queux au laboratoire des appartements modernes, en passant par l'office et le creuset des sorcières, lieu ou manière, la cuisine, c'est toujours un passage, une transformation.

Que vous disposiez d'une large salle ou d'une minuscule kitchenette, que vous y passiez des heures à éplucher, frire, rôtir ou que vous n'y ouvriez que des sachets, votre cuisine est un temps et un espace qui vous sont personnels. À la fois familiaux et intimes, digestifs, apéritifs, intestinaux. C'est là que s'opère le passage de l'extérieur vers l'intérieur, du cru vers le cuit, du sauvage vers le civilisé. C'est là que se noue et se joue une partie importante de la parentalité.

Que la mère ouvre une boîte de conserve ou qu'elle écosse les petits pois, elle garantit à son enfant que les denrées qui lui sont proposées sont bonnes pour lui. Pour son plaisir aujourd'hui et sa santé demain. Lorsqu'elle prépare un dessert, même si elle a acheté un gâteau en sachet, et sans avoir recours à la moindre farine, elle met métaphoriquement la main à la pâte. Elle éduque. Elle civilise.

Même une mère solo d'un enfant unique, même celles qui se nourrissaient de chocolat et de biscuits avec du thé vert, ou qui mangeaient le jambon dans son papier et les sardines directement dans leur boîte se voient obligées de changer leurs habitudes lorsqu'elles deviennent mères. Lorsqu'elles deviennent nourricières.

Transformer la matière brute, le produit acheté, en assiettée, le cru en cuit, c'est faire comme l'oiselle qui nourrit ses petits : mâcher, prédigérer, rendre le monde comestible et digeste, appétissant et nourrissant.

Quelques conseils pour vivre mieux

• Ne laissez pas les « informations » des publicités s'enraciner dans la tête de vos préados. Dès que vous pouvez, commentez avec votre bon sens les assertions des spots.

• Faites vos courses avec une liste précise et le ventre plein.

• Ne faites les courses avec vos enfants que si un marché est conclu au préalable : pas de demandes incessantes dans le magasin.

• Vous seule décidez de vos achats, après consultation, naturellement, mais pas sur place ; les négociations ont lieu à la maison. Jamais vous n'obtiendriez gain de cause en face des objets et produits convoités, en revanche vous pouvez rappeler : « Ce qui est dit est dit ! on verra pour les prochaines courses si nous nous mettons d'accord. »

• Donnez-vous tout de même la latitude d'essayer quelques-uns des produits qui font rêver vos gosses. Cela vous permettra d'avoir un avis sur la question et évitera peut-être quelques gaspillages d'argent de poche.

• Ne boudez pas les surgelés ni les boîtes de conserve. Toutefois, regardez les étiquettes de ces dernières : quand du sel ou du sucre a été ajouté, vous pouvez rincer le produit avant de le cuisiner.

• Faites des pizzas et des tartes salées : c'est très facile avec des pâtes toutes prêtes et beaucoup moins gras et sucré que les produits entièrement fabriqués. Cela peut devenir un jeu en famille, et vous verrez la fierté de vos petits – et même des plus grands – à avoir préparé leur propre pizza !

• N'essayez pas à toute force d'aller contre le vent : votre préado a besoin d'être conforme ; offrez-lui la possibilité de l'être de temps en temps. Il ne s'agit pas non plus de ne le nourrir et de ne le vêtir que de marques. Mais proposez-lui de comparer quelques produits « génériques » avec leurs homologues « ciblés », et choisissez-en deux ou trois selon votre budget qui resteront « de marque ».

• Apprenez à recycler les restes, cela allège le budget nourriture pour la famille et enseigne le respect de la nourriture. Un premier pas vers une écologie domestique, à laquelle seront toujours sensibles les enfants.

• Difficile de faire d'un repas un moment de plaisir si le préparer est une corvée.

• Ne passez pas votre temps en cuisine si c'est pour en attendre louanges et gratitude. Malgré la reconnaissance qu'on lui prête, le ventre est ingrat...

IV
L'impossible repas

La thérapie d'Agnès

Cela va faire maintenant six mois qu'Agnès fréquente deux fois par semaine cette grande salle blanche. Les radiateurs y sont toujours à fond ; pourtant, les participants sont souvent recouverts de la tête aux pieds par de multiples superpositions de vêtements. Ils préfèrent crever de chaud que de montrer ne serait-ce qu'un infime morceau de leur corps. Car tous s'emploient à le faire mourir, ce corps exécré, soit en l'épuisant par la faim, soit en le gavant. Agnès ne saisit pas les raisons pour lesquelles elle doit fréquenter tous ces vrais malades, comme cette Linda qui refuse de s'alimenter depuis de nombreuses années et qui est incohérente dans ce qu'elle raconte. Elle ne se sent pas concernée non plus par les pulsions dévastatrices de Claudine qui avale des quantités invraisemblables de nourriture, comme si son but était de disparaître sous les plis de graisse. Agnès enserre souvent son poignet de son pouce et son index réunis, comme pour se rassurer d'être toujours la même.

« Moi au moins, je ne garde pas ce que je mange », lui glisse à l'oreille Sidonie, sa voisine, « je ne suis pas faible et grosse comme elle. Toi aussi, tu vomis ? »

Non, Agnès ne vomit plus. Agnès n'a plus rien à vomir.

Troubles alimentaires et adolescents

Les troubles alimentaires sont une donnée fréquente de l'adolescence. Ce qui touche Agnès et a poussé ses parents à l'envoyer dans un groupe de parole, c'est une anorexie, un refus de s'alimenter. Elle maigrit et cela peut être très dangereux. L'anorexie est un trouble psychique grave qui nous invite à ne jamais prendre à la légère les dysfonctionnements comportementaux de nos enfants, surtout s'ils s'installent dans la durée. Pas de panique, il ne s'agit pas de s'affoler au premier régime mais il faut rester vigilant. Ne pas banaliser, ne pas dramatiser immédiatement.

À l'adolescence, comme entre 3 et 4 ans, la nourriture proposée par la mère peut être un enjeu d'indépendance. Refuser de manger à la table familiale n'est pas systématiquement la marque d'un début d'anorexie, mais une protestation adolescente quasiment normale ! L'ordre du monde est interrogé à travers l'organisation de la maison, les rituels familiaux sont la cible d'attaques d'autant plus serrées qu'elles touchent celle qui les met en place : la mère. Dans la plupart des situations, repas boudé ou régime de printemps n'annoncent aucune crise vraiment grave. Mais comment savoir ? Comment ne pas se tromper ?

Le petit régime d'avant l'été

Ce qu'il faut surveiller en priorité, ce sont les privations ou les restrictions draconiennes qui s'installent dans le temps. Une jeune fille normalement bâtie se trouvant trop grosse peut être en proie à la dysmorphophobie quasi naturelle à cet âge difficile : un mal qui caractérise le regard qu'elle porte sur elle à travers son nez, ses jambes ou sa silhouette. C'est souvent là que se situe le problème, dans le regard anxieux que porte l'adolescente sur les changements de son corps.

Avec la puberté, certains métabolismes ont tendance à grossir, mais cela ne doit jamais être « réglé » par une privation alimentaire. Si votre enfant est vraiment trop gros, cela se voit sur les courbes staturo-pondérales de son carnet de santé. Alors, c'est avec le pédiatre ou le médecin de famille qu'une consultation chez un nutritionniste peut s'envisager. Ne laissez pas votre fille faire son propre diagnostic et s'engager dans les régimes des magazines. Car ce serait jouer avec le feu. En effet, si le régime à lui seul ne peut pas déclencher une anorexie, la plupart des anorexies débutent avec un petit régime « avant l'été ». Le mal intérieur était là avant la décision de régime qui n'en est que le révélateur.

La vigilance s'impose donc, avec peut-être le recours à l'avis médical. Il permet de sortir le problème de la relation affective de la fille à sa mère et à sa maison, et des appréciations familiales sur ce qui est de sa ligne ou sa bonne mine.

Toutefois, d'autres dangers guettent la jeune fille avide des images stéréotypées – et retouchées – des magazines. Un régime mal équilibré en période de croissance peut conduire à des carences en nutriments essentiels au bon équilibre du corps. De plus, une restriction calorique trop importante peut conduire le corps à conserver la mémoire de la privation et le pousser à réduire sa consommation énergétique. Ainsi, insensiblement, le corps va moins bouger et, même lorsqu'il sera amené à se dépenser, il va consommer moins d'énergie qu'un corps qui n'a pas connu de restriction.

Donc, pour maigrir, il ne faut surtout pas manger moins, mais manger mieux. Et même si cela ressemble à un poncif, il est nécessaire de le répéter à nos jeunesses.

De surcroît, la privation conduit à la frustration, et la frustration à la compensation, donc aux abus. Une jeune fille exempte de troubles profonds et juste désireuse de porter une taille de jean en moins ne va pas supporter longtemps l'absence totale de sucre par exemple. Elle « craquera ». Et poursuivra sa quête inlassable : perdre les 3 kilos qui la séparent de son idéal.

Un malaise généralisé

Peut s'enclencher aussi un cercle vicieux tout aussi dommageable pour le corps et l'esprit que l'anorexie, celui de la boulimie. Car après avoir fait le « plein », certaines voudront faire le vide. Et se faire vomir. Cela est beaucoup moins anecdotique qu'on ne pourrait le croire.

Même si les Romains pratiquaient l'évacuation du trop-plein en cours de banquet dans des récipients prévus à cet effet, les conséquences sur l'organisme sont graves. Les vomissements forcés à répétition créent des troubles dans la sphère digestive (irritation de l'œsophage par exemple) mais aussi buccale. L'acidité de l'estomac, qui a commencé son travail de digestion avant d'être interrompu, attaque l'émail des dents et les gencives. Ce sont d'ailleurs souvent les dentistes qui remarquent les indices de troubles alimentaires de ce type. Ils permettent alors à la famille de découvrir que leur adolescente traverse une crise grave, que son mal-être s'est généralisé et qu'elle ne se supporte plus. Ni l'enveloppe de son corps, ni son environnement familial, ni ses pensées intimes, ni ses sentiments, ni aucune de ses sensations.

On ne règle pas ces problèmes en famille

Quand on se trouve dans une situation de ce type, on ne peut pas faire face tout seul. C'est pourtant un réflexe, traiter l'affaire en famille. Mais il faut vraiment faire avec un tiers extérieur pour permettre à l'adolescente de s'autonomiser, sinon les meilleures intentions du monde obtiennent un résultat opposé. Le problème s'inscrit durablement, et l'adolescente se débat contre des forces qu'elle ne peut comprendre ni gérer.

De surcroît, il ne faut pas prendre ces problèmes à la légère ou temporiser trop longtemps. Si l'utilisation anarchique de la nourriture est une donnée de l'adolescence, elle doit être surveillée et contrôlée pour ne pas se chroniciser.

Les troubles alimentaires sont fréquents chez les enfants préadolescents. Ils sont classiques, ordinaires et la plupart du temps bénins, mais ils peuvent chaque fois dissimuler une crise intime, personnelle, une vraie crise identitaire que l'adolescent ne pourra pas traverser sans une aide extérieure.

Comprenons ensemble

TROUBLES ALIMENTAIRES, TROUBLES FAMILIAUX

Inutile de culpabiliser les mères, elles n'ont besoin de personne pour cela. Bien souvent, la culpabilité vient avec la maternité à celles qui n'auraient pas été touchées dans leurs jeunes années. Inutile de dire aux mères qu'elles sont reliées à leurs enfants par les sentiments et que ceux-ci passent par le ventre, elles le savent. Nous le savons. Nous avons tous à cœur le ventre de nos enfants. Nous savons qu'ils tissent avec nous une relation au monde qui passe par le sein et le biberon, puis par le sevrage et la diversification, et que chaque bouchée donnée, chaque assiette refusée, chaque repas boudé nous remet dans la situation de mère nourricière, nécessairement nourricière.

Alors nous nous sentons, toutes, responsables de la manière dont nos enfants s'alimentent. Nous nous sentons coupables de chacun de leurs dérèglements digestifs. Or, parmi ceux qui nous rendent folles, l'anorexie vient en première position.

Et beaucoup de mères pensent qu'un tel trouble se doit d'être dissimulé au regard des tiers et traité en famille. Quand ce n'est pas dissimulé au regard du père et traité entre filles. Entre mère et fille. Et c'est une erreur.

UNE MÉDIATISATION EST TOUJOURS NÉCESSAIRE

Sans entrer dans les détails d'une aventure clinique et thérapeutique complexe, nous voudrions souligner l'urgence à comprendre que l'enfant anorexique ou boulimique ne cherche pas consciemment et volontairement à mettre sa famille, ses parents et sa mère en situation d'échec. Il ne se voit pas malade. Anorexie ou boulimie sont des mots qui ne le concernent pas. Ses propres dérèglements ne sont que des singularités, son style propre. Mais qui signalent au clinicien qu'il est perdu dans ses repères personnels, qu'il ne sait plus quel peut bien être son rapport au monde, à la vie, à la mort.

La jeune fille ne sait plus comment aimer sa vie ni sa mère. Elle ne peut donc être aidée par celle-ci. L'écoute et l'approche de professionnels de la santé physique et psychique sont absolument nécessaires.

Momentanée mais drastique, une séparation de la famille peut être exigée. Elle est souvent très mal vécue, autant par l'adolescent que par ses parents, mais elle peut être vitale.

Un temps et un espace personnels, nettement séparés de ceux de ses proches, accompagnés d'un vrai travail de parole sur les émotions, les sentiments, le passé et l'avenir peuvent permettre au jeune malade de retrouver une dynamique personnelle ouverte sur la vie.

Et aussi, parfois, à la famille, dans sa globalité, de se poser des questions sur son fonctionnement. Une réflexion salutaire.

Les goûters de Coralie

Sur la table du salon, devant la télé, s'amoncellent paquet de brioches, plaquette de beurre, pot de pâte à tartiner au chocolat, bouteille de lait aromatisé et sachet de bonbons. Coralie est vautrée sur le canapé, son pull constellé de miettes, les commissures des lèvres marquées de la bombance récente. La télé est allumée, et Coralie tient nonchalamment la télécommande à la main, faisant le tour des chaînes disponibles à un rythme régulier, sans s'attarder sur quoi que ce soit.

« Il va falloir que je me bouge et que je range tout ça », pense-t-elle vaguement, l'estomac à la lisière de la gorge. Coralie ne pense même pas avoir encore trop mangé. Coralie ne pense plus ; elle digère.

Il y a deux ans, sa meilleure amie et elle prenaient des thés le mercredi après-midi, qu'elles accompagnaient de goûters achetés à la boulangerie, une brioche ou petit pain au chocolat. Elles discutaient des heures, se prenaient pour des grandes et, du haut de leurs 13 ans, se savaient à la fois raisonnables et fantaisistes : de vraies originales ! Une fois son amie partie, Coralie faisait souvent une incursion dans le placard à la recherche de quelque chose de plus. Déjà,

Coralie ne pensait plus, quand elle cherchait à manger alors qu'elle n'avait pas faim.

Son amie a déménagé ; Coralie ne fait plus de thé. Maintenant, elle mange.

Une minceur de bon goût

Cela peut paraître moins dangereux, car le pronostic vital n'est pas engagé, mais l'hyperphagie est également un désordre alimentaire à considérer avec sérieux.

La société d'aujourd'hui vante les mérites de la minceur, voire de la maigreur, et regarde plus ou moins ouvertement les jeunes filles anorexiques avec admiration. Elles font la une des magazines, ce sont des mannequins, des top models. Les adolescentes les envient, leurs mères également.

Cette mode fait de la minceur une éthique, le signe d'une volonté juvénile et énergique, la marque de l'élégance. Tout excès de graisse est condamné parce qu'il signale comme un laisser-aller moral. Faiblesse, paresse, velléité, lâcheté.

C'est dire l'impact sur une adolescente en proie avec son corps et ses rêves, ses aspirations et son appétit, son besoin de se cacher et de se montrer, son désir de paraître et sa difficulté d'être.

Pléthore et hyperphagie

Dans sa définition stricte, l'hyperphagie consiste en l'ingestion de quantités trop importantes de nourriture. Trop importantes en rapport avec la dépense physique. En gros, nous mangerions comme nos arrière-grands-mères, celles qui allaient aux champs, alors que nous vivons comme des sédentaires.

En plus, et c'est ce qui fait le drame des jeunes filles, c'est souvent un type particulier de nourriture qui est choisi. À l'inverse de la boulimique qui, pour se remplir au plus vite, n'opérera pas de choix dans les aliments ingérés, l'hyperphagique se tournera vers les nourritures les plus caloriques, à la fois très grasses et très sucrées. De celles qui tiennent au corps.

Cette discrimination des aliments peut donner un indice sur la portée psychique de ce type de comportements. Comme l'anorexique lutte contre l'angoisse en contrôlant la nourriture ingérée jusqu'à l'abstinence quasiment totale, l'hyperphagique remplit son estomac pour faire taire son esprit.

Corps à corps avec l'angoisse

Comme Coralie, beaucoup de jeunes filles mettent leur santé en danger, en silence et dans l'ombre. Personne ne se doute de rien. Il n'y a pas d'urgence, rien de vital, rien d'alarmant. Pas de crise apparente. L'adolescente ne perçoit pas qu'elle s'abîme. Elle n'entend aucune des remarques que son entourage aura peut-être le courage de lui faire.

Pourtant, ce type de comportement nuit à sa santé physique mais aussi à l'image qu'elle se fait d'elle-même. Elle subit son envie de manger, de ne pas penser, de ne pas bouger. Elle se pense ainsi faible et lâche, et souffre de n'avoir d'autres recours pour apaiser sa souffrance que celui de la nourriture. Le cercle vicieux est enclenché, car plus elle mangera, moins elle bougera, donc plus elle grossira. Plus elle grossira, moins elle s'aimera et plus elle mangera.

Pas d'obèse heureux

Il n'y a pas d'obèse heureux, parce que l'obésité est une entrave à la jouissance du corps et de l'esprit. Il ne faut pas entendre le terme « jouissance » dans son acception sensuelle, mais juridique. L'obésité empêche d'utiliser son corps comme on le voudrait.

Et c'est une douleur sans fin ni faim d'ailleurs. La nourriture est une drogue, une puissante attraction qui vient répondre à toutes les questions de la vie. Manger. Manger avant de réfléchir, manger pour ne pas réfléchir. Manger pour manger et non plus se nourrir pour pouvoir fonctionner.

Coralie, comme tant d'autres, a autant besoin d'aide qu'Agnès. Leurs troubles alimentaires sont des troubles sérieux, de l'ordre de la dépendance. Comme pour les fumeurs, les buveurs et tous les autres dépendants de produits licites ou illicites, il s'agit de changer profondément le rapport à la vie. Pour elles, il faut s'engager dans une dynamique alimentaire basée sur les besoins du corps : lui apporter l'énergie nécessaire à son bon fonctionnement, et non sur ceux de l'esprit : lui donner la paix qui calme l'angoisse.

Un long combat, un nouvel équilibre à mettre en place. La lutte n'est jamais complètement et définitivement gagnée.

Comprenons ensemble

De la compulsion à l'addiction

Quand bébé pleure, on le berce, on lui parle, on le change ou on le nourrit. Aucun enfant ne peut avoir un biberon chaque fois qu'il crie. La réponse alimentaire est une des réponses qui peuvent apaiser ses pleurs. Ce n'est pas la seule.

Le problème de certains mangeurs, c'est que non seulement manger les calme, mais que bientôt rien d'autre ne peut les calmer. La réponse alimentaire devient alors la seule réponse à toutes les questions, sollicitations et incertitudes de l'existence. Manger pour eux devient une médication. Ils mangent comme d'autres boivent. Pour se reconstituer, pour se donner du courage, pour se rassurer, pour s'apaiser.

Certes, l'émotion qui va creuser certains coupera l'appétit à d'autres. Tomber amoureux, faire du sport, être angoissé ou fatigué, chacun de nous connaît ces situations qui vont affamer les uns et bloquer les autres. Nous ne sommes pas égaux devant les stimuli alimentaires et notre corps, comme notre métabolisme, ne réagit pas au gré de notre désir.

Celui qui n'a qu'un réflexe pour calmer ses angoisses, que ce soit celui de manger ou de boire, peut passer aisément du côté de l'addiction. Il sera dépendant de la nourriture comme on peut être dépendant de l'alcool, du tabac, d'un médicament ou de n'importe quelle drogue.

La nourriture peut se prendre chez soi. Elle est en vente libre. Les drames sont donc discrets. Mais les obèses et les gens qui se battent contre leur surpoids, ceux qui tentent tous les régimes et ceux qui vont jusqu'aux opérations de l'estomac ne sont pas rares.

Ces douleurs adultes commencent souvent à l'adolescence. À l'âge difficile où les repères du corps sont flous, où les rituels familiaux semblent insupportables, où le métabolisme peine à trouver son équilibre.

La vigilance parentale est d'autant plus nécessaire que les troubles alimentaires peuvent se dissimuler derrière tout comportement de révolte ou de soumission, tout refus ou toute proclamation d'excentricité. Le rebelle résiste aux invitations familiales et dissimule aux autres ce qu'il se dissimule à lui-même : un mal de vivre écrasant.

Rien de plus difficile que d'être soi à l'âge où tout change. Rien de plus difficile que de tenir le cap entre les multiples sollicitations commerciales et les tentations de facilité. Rien de plus vulnérable que celui qui voudrait être conforme et original à la fois.

L'impossible repas, c'est celui de l'adolescent. Impossible équilibre entre le vide et le plein. Entre la vie et la mort. Comme l'adolescence entre la famille et la société, l'enfant et l'adulte, hier et demain...

Quelques conseils pour vivre mieux

• Le premier sera de bon sens uniquement : regardez vos enfants ! Regardez-les bouger, manger, s'habiller ; écoutez tous les messages non dits qu'ils vous transmettent.

• Au moindre doute, parlez-en. Ne laissez pas le problème devenir secret et interdit. Trouvez une oreille compatissante, amie, médecin et aussi le père de vos enfants, qu'il vive ou pas avec vous.

• Formuler à haute voix vos craintes vous permettra de les relativiser.

• S'il y a un danger, consultez un médecin. Vous-même dans un premier temps. Forcer un ado à le faire ne peut conduire qu'à une réaction négative. En revanche, en parler au médecin de famille vous aiguillera sur la conduite à tenir.

• Tentez de communiquer avec votre ado. Faites-lui part de vos inquiétudes et de vos doutes. Il n'est pas évident que vous receviez une réponse, mais vous devez maintenir le contact.

• Face à une adolescente anorexique, ne passez pas de contrat (« Tu manges trois jours et tu as le droit de sortir », par exemple). Cela doit impérativement passer par un tiers extérieur pour être efficace. À l'intérieur du cercle familial, le contrat, loin de rendre la liberté de manger aux jeunes, les incarcère un peu plus.

• Si votre fille ou votre fils est trop gros, ne lui faites surtout pas de plat à part. Limitez ses apports extérieurs aux repas. Permettez-lui de prendre conscience de ce qu'il rate en étant trop gros. Mais le déclic ne peut venir que de lui-même. Et cela peut prendre du temps...

• Essayez toutefois d'équilibrer les repas de toute la famille en proposant beaucoup de légumes. Si on vous les boude, voici un petit truc éprouvé : plutôt que de les préparer en gratin avec de la béchamel (trop de beurre), utilisez la moitié d'un sachet de purée en poudre. Cela fait un liant très savoureux et, si vous utilisez du lait demi-écrémé, le plat contient peu de calories.

• À l'inverse, vous pouvez glisser des calories cachées comme du lait concentré pour une jeune fille qui a besoin de mieux s'alimenter.

• Mais ces subterfuges fonctionnent moins bien face à une anorexique... Rien ne peut se faire pour elle qui se ferait sans elle.

• Enfin, ne faites rien dans le dos de vos enfants. Soyez claire sur vos actions et vos intentions. Le secret étouffe, et ces enfants ont vraiment besoin de respirer pour reprendre une alimentation normale.

V

Manger ensemble

Concerts de famille

Dimanche, dans la grande maison de Sylvie et Alain.

Henri, le père d'Alain, verse le fond de la bouteille dans son verre. Alain lui sourit :

« Il est bon ce petit récoltant, hein, Papa ?

— Tu aurais dû l'ouvrir avant, pour qu'il respire ! C'est maintenant qu'il est vraiment bon, et il n'y en a plus... regrette Henri.

— Oui, Papa, tu me le dis à chaque fois...

— Et à chaque fois, tu oublies !

— Eh bien, peut-être que le vin n'est pas ce qui m'intéresse le plus dans ces réunions », répond le fils, en portant une bourrade affectueuse dans le dos de son père.

Henri se souvient de son enfance, les dimanches compassés aussi rigides que l'amidon dont la domestique recouvrait les cols de chemise. Le silence à la messe, le silence à table, le silence dans l'après-midi parce que l'aïeul faisait la sieste et qu'il fallait le laisser se reposer, le silence dans la maison, dans le jardin, même les oiseaux semblaient engourdis le dimanche. Son père était alors une figure raide et froide, engoncé dans un costume qu'il ne semblait jamais quitter, silencieux derrière sa moustache, les rares mots tombant comme des sentences. À ses côtés, sa mère, douce comme la chantilly, moelleuse comme un édredon tous les jours de la semaine, se rigidifiait également le dimanche. Empesée dans ses tenues, elle oubliait de sourire, courait partout pour vérifier le bon ordonnancement de la journée. Le repas voyait se succéder plusieurs services, entrée froide, entrée chaude, viande rôtie, accompagnements, salade, fromage, dessert, café, digestif. Tout nécessitait le respect d'un chronométrage précis. Car il ne fallait pas faire attendre les grands-parents ni les arrière-grands-parents. Personne ne mangeait de tout, on renvoyait même le poisson souvent à peine entamé, les accompagnements également. Pourtant, quand Jeanne suggéra de réduire le train des dimanches, Henri se braqua. C'était la tradition familiale, cela ne se discutait pas.

La décontraction d'aujourd'hui est une nouveauté un peu transgressive dont Henri et Alain partagent silencieusement le secret.

Le plaisir d'être ensemble

Même s'ils ont semblé pénibles à ceux qui devaient jadis les subir sans jamais pouvoir s'y dérober, reconnaissons l'importance des repas de famille. Pour tous ceux qui ont la chance et le poids d'une famille.

Leur rituel scande le temps et permet à chacun de se retrouver, de se compter, de voir le temps passer, de constituer un tout. Même fictive et formelle, cette unité rassure chacun et aide les enfants à se structurer. Il serait toutefois déplacé et même dangereux de maintenir des codes à toute force au prétexte que « c'est comme cela qu'on fait dans la famille depuis toujours ». D'abord, « toujours » n'existe pas et si la tradition est gage de solidité, c'est lorsqu'elle est assez souple pour grandir avec le cercle familial et s'accommoder des apports extérieurs. L'endogamie stricte stérilise la famille. Si certaines traditions familiales peuvent être respectées au plus grand bonheur de tous – pour également pouvoir les transgresser –, accepter de les ouvrir aux nouveaux arrivants en les assouplissant ou même en les transformant est signe de bonne santé générale. Nous ne vivons plus à l'époque où le *pater familias* trônait en bout de table et où parler était interdit aux femmes et aux enfants. Tradition ne veut pas dire enfermement.

À l'inverse, déstructurer tous les repas est symptomatique d'une souffrance de la famille. Car manger est aussi un acte familial.

ON PEUT PARLER EN MANGEANT, ALORS !

Oui, mais pas la bouche pleine ! Les repas peuvent être un moment privilégié de discussions, d'échanges à bâtons rompus. Toutefois, ce n'est pas le temps des règlements de compte ! Rien n'est plus indigeste qu'un repas combat. Or, ne nous leurrons pas, les repas de famille – au sens festif du terme – sont souvent le lieu d'éclats ou de transgressions verbales. C'est aussi, souvent, les seuls moments où toute la famille se retrouve... Alors, on se met à table, au sens propre et au sens figuré.

Gardons-nous de généraliser et gardons l'option « manger ensemble, c'est vivre ensemble un bon moment ». Éteignons donc les postes de télévision pendant les repas et laissons de la place à l'échange. Bien que ce ne soit pas le meilleur moment pour passer en revue les résultats scolaires, on peut attendre de chacun qu'il raconte sa journée et fasse ainsi partager aux autres ses émotions.

Cela ne doit certainement pas être érigé en règle, comme le fait de se laver les mains avant de manger, mais peut se faire en douceur, à l'usage. Regardez d'abord comment est située votre table et comment sont disposés habituellement les couverts. Il y a souvent une place vide, celle qui ouvre sur la télé. Remplissez-la ! Intercalez les enfants au milieu des adultes pour le quotidien. Leur réserver une table – ou une place – à part est plus pratique pour les repas qui traînent en longueur, mais au jour le jour, donnez aux enfants une vraie place à table. Ne les forcez pas plus à parler qu'à manger, mais tentez de profiter de ce temps tous ensemble pour vous détendre et rire !

Même si le cérémonial d'aujourd'hui ne ressemble pas à celui de l'enfance d'Alain, « recevoir » sa famille engage obligatoirement un ordonnancement extraordinaire, au sens littéral du terme, c'est-à-dire qui sort du quotidien. Même lorsqu'on reçoit à la bonne franquette, il est bien rare que l'on suive exactement les mêmes manières que lorsque l'on est « entre soi ». Cela est également vrai pour la famille proche. On regardera sa vaisselle et ses couverts d'un œil neuf et extérieur. Car tout est là : l'extériorité du cercle familial restreint pour s'ouvrir à la famille élargie permet de se nourrir l'âme et le cœur autant que le ventre.

Si vous aimez cuisiner et présenter joliment plats et boissons, vous êtes chanceuse, et votre famille également ! Le temps dédié à la préparation ne vous coûtera pas, et il ne sera pesant pour personne si vous vous faites aider par les enfants et les hommes. Ne serait-ce que pour débarrasser... Car c'est souvent après le repas que les femmes se retrouvent seules. Annoncez donc à petits et grands dès la veille, sans craindre de vous répéter le matin même, quelles tâches incomberont à chacun. Si vous n'aimez pas la cuisine, soignez l'accueil !

La langue est parfois étrange, et elle signifie souvent bien plus que ce qu'elle dit ; ainsi « recevoir » se rapporte le plus souvent à donner ! Donner aux autres le gîte et le couvert serait alors recevoir de leur part une reconnaissance le plus souvent implicite dans le cadre de la famille. Cela nous rappelle encore une fois que l'humain est un animal grégaire par essence qui ne s'accomplit que dans un groupe, obligé ou d'élection, à l'intérieur duquel donner et recevoir se rejoignent en une seule réalité, la convivialité.

Comprenons ensemble

DES RENDEZ-VOUS FAMILIAUX

Rituels ou éclatés, collectifs ou solitaires, les repas sont des scansions quotidiennes, de vrais rendez-vous familiaux. À ne pas manquer. En effet, si tout le monde ne dispose pas des grandes cuisines conviviales qui ont depuis longtemps disparu des appartements urbains, chacun peut organiser la vie de la famille pour qu'un maximum de repas réunisse parents et enfants.

Certes, les pères rentrent tard. Certes, les mères travaillent. Certes, les week-ends sont surchargés, mais les repas restent les moments d'un partage fondamental.

Ces rendez-vous qui rythment le temps permettent à l'enfant de s'imprégner de tout ce qui fonde son histoire et l'enracine dans celles de ses parents. Chacun vient y déposer le bruit d'un ailleurs qui fait son quotidien et qui échappe aux autres. Le repas ensemble est comme un de ces points de capiton qui cousent les matelas, des sutures souples qui aident la famille à tenir ensemble.

La culture humaine est ainsi faite qu'on ne mange pas seul. Non seulement on ne se cache pas pour manger comme on le fait à d'autres moments de notre chaîne digestive, mais en plus, on mange en groupe, on partage et on échange nos aliments.

La table est donc un lieu symbolique essentiel.

À table, ensemble, on mange certes, mais l'échange alimentaire familial est autant chargé d'histoire et de société que d'affect et de traditions. Autour d'une table, on se parle, on se regarde, on s'écoute parfois, on se dispute aussi. Ce bain d'informations, de communications est également un bain d'émotions, de sensations.

L'enfant y apprend beaucoup. Informel tout autant qu'explicite, tout ce qu'il recueille sur le monde se mêle à ce qu'il apprend de ses parents et de lui-même. À table, le repas est un véritable creuset sensoriel, social, culturel, imaginaire et symbolique.

Les bonnes manières

Ce dimanche, tout va de travers. Les beaux-parents sont en avance et les enfants en retard. Le poulet ne dore pas. Même les chats du quartier sont de mauvaise humeur et ils viennent le dire dans le jardin. Sylvie caresse d'un doigt rêveur les livres de cuisine brochés, inutiles pour ces repas mensuels où la seule chose acceptée bon gré mal gré par tous les membres de la famille est le poulet rôti. La mélancolie la gagne et elle entend déjà l'écho du mécontentement et de la lassitude. Cela ne rate pas ; le déjeuner est une catastrophe.

« Le mois prochain, tu devrais faire autre chose que du poulet rôti, Maman, y'en a marre de manger tous les dimanches la même chose.

— Hélène, enfin...

— Non, mais elle a raison, on peut en effet proposer autre chose, dit Sylvie en ravalant l'affront. Pourquoi pas un rôti de bœuf ?

— Oh, chérie, tu sais bien que je déteste ça ! déclare Monique, sa mère.

— Mais comment peut-on détester le rôti de bœuf ! répond Michel, son père, en marmonnant.

— Tu ne manges pas de poisson, toi, alors tu n'as rien à dire !

— Alors, pourquoi pas du veau ? propose Sylvie.

— Du bébé mort ? ! Il en est hors de question ! Je refuse catégoriquement de manger du bébé mort !

— Hélène ! On ne parle pas comme ça à table ! tance sa mère, le dos rigidifié par le mécontentement, cela ne se fait pas...

— Ah oui, renchérit l'adolescente, et ça alors, dit-elle en mettant les coudes sur la table.

— Hélène, cesse immédiatement ce comportement irrespectueux !

— Irrespectueux ! Mais tu veux du respect de quoi ! De ton volatile pas cuit ou de vos règles stupides et super chiantes ?

— Sors de table immédiatement... »

Alain n'a pas le temps de finir sa phrase, la gamine est déjà hors de la pièce. La porte de sa chambre ne tarde pas à résonner dans toute la maison. Le silence est lourd.

« C'est vrai qu'il est pas cuit, ton poulet... » grommelle Monique, et Alain rit.

Couacs autour du poulet

Réussir un repas festif et rituel qui accueille la famille et la parentèle tient de l'exploit pour qui veut faire plaisir à tous. Comment faire coïncider les goûts de chacun et la composition d'un menu qui ne déplaise à personne ? J'aurais tendance à dire que le maître à bord en cuisine est le cuisinier. À lui, à la mère de famille donc d'organiser le repas comme elle l'entend. C'est son invitation, c'est son affaire. Inutile d'ailleurs de graver dans le marbre un menu immuable. La maîtresse de maison peut bien s'autoriser des fantaisies qui lui rendront la vie plus agréable sans heurter ses convives et leurs habitudes. À moins qu'elle ne veuille se soumettre à l'assentiment du plus grand nombre car elle n'est pas très sûre de sa place. À moins que le rôle de victime ne lui apporte des satisfactions que les autres perçoivent mal. Car il s'en cache des choses dans une marmite, surtout à l'occasion des repas de famille !

Si le repas est hebdomadaire et l'assemblée nombreuse, autant opter pour des plats uniques qui ne nécessitent pas trop d'allées et venues à la cuisine. Si le repas est mensuel, pourquoi pas un menu festif, mais différent, à chaque fois ? Sylvie aime cuisiner et elle se prive pour faire plaisir à tout le monde. Ainsi personne n'est vraiment satisfait !

Coup d'éclat

Hélène ressent la tension qui mine ces déjeuners et elle l'exprime en explosant. Elle est en fait le fusible de la famille, qui pète avant que le circuit entier ne soit grillé. Mais son âge et le cadre familial imposant font qu'elle aurait éclaté, quand bien même le menu n'aurait pas été un sujet litigieux dans cette famille. Jadis, jamais Hélène n'aurait fait son éclat. Le repas familial était sacré. Aujourd'hui, certains adolescents sont si peu contraints en famille qu'ils n'ont plus d'occasion de regimber et se voient obligés d'aller crier ailleurs leur révolte ou de s'étouffer avec. Alors que la famille de la société patriarcale, celle de nos parents ou grands-parents, n'était jamais interrogée, celle d'aujourd'hui ne cesse de se remettre en question. Peut-être arriverons-nous à un juste équilibre ? Reconnaissons que le modèle familial actuel offre une liberté éducative que personne n'a connue auparavant. Nous pouvons être des parents comme nul ne l'a jamais été. C'est peut-être difficile, mais c'est une véritable chance. Il faut toutefois beaucoup de confiance en soi pour mener cette aventure sereinement... Les rituels des repas de famille symbolisent cette quête d'un nouvel équilibre entre les bénéfices de la tradition et les avantages de la modernité. Pourquoi ne pas s'en saisir pour inventer de nouveaux rituels ? Profitons des beaux jours pour faire des pique-niques et de l'hiver pour manger de la raclette ! Et même pourquoi pas un buffet dînatoire, au soleil ou au coin de la cheminée...

Outre le poulet et la répétition, Hélène remet en cause les manières de table. Elle transgresse par la parole et par le geste – les fameux coudes sur la table, le plus souvent oubliés des remontrances actuelles – les codes de bonne conduite de sa famille. C'est normal, l'âge de la révolte se profile. Mais ce carcan qui l'étouffe lui servira encore très souvent, qu'elle s'en rende compte ou pas. Il vaut mieux savoir utiliser des couverts qu'on rencontre rarement que de se retrouver bloqué par la gêne dans un milieu différent du sien. Les manières de table servent à ça, permettre d'être à son aise partout. Alors n'ayons pas peur d'enseigner les bonnes manières à nos enfants. Il ne s'agit pas d'afféterie ou de témoins d'un autre âge. Il s'agit plutôt d'un passeport pour le monde, pas le Grand Monde, mais simplement le monde extérieur au cadre familial. Savoir se tenir à table revient à reconnaître les autres comme étant différents de soi. L'éducation à la politesse est d'autant plus importante de nos jours que vitesse et rentabilité sont les maîtres mots de la société économique dans laquelle nos enfants se trouveront impliqués à l'âge adulte. En voulant aller trop vite, on risque non pas uniquement de niveler le monde au plus bas mais aussi de gommer des étapes de croissance des enfants. La société contemporaine consommatrice ne s'encombre plus d'étapes initiatiques, et trop rares sont les rites qui scandent les différentes étapes du chemin vers l'âge adulte. Alors, quand nous encourageons le rot du bébé mais grondons celui de l'enfant de 10 ans, nous indiquons clairement la différence entre celui qui n'a pas d'autonomie et celui qui peut en jouir. Ainsi, la politesse respecte-t-elle la course à la croissance des enfants.

Comprenons ensemble

Repas nostalgie

Le rituel des grands repas, tels que veut les maintenir Sylvie, offre une belle perspective sur l'évolution de la famille, même la plus traditionnelle. Autour de la grande table mensuelle, trois générations célèbrent l'unité familiale. Mais, là où jadis un repas traditionnel imposait à tous son immuable cérémonial, s'immisce aujourd'hui une forte tendance égalitaire. Sylvie veut maintenir et moderniser la tradition. Elle espère ménager les anciens et pactiser avec les jeunes. Elle veut faire plaisir à tout le monde. Une vraie gageure.

Plus encore que dans les efforts de la maîtresse de maison pour alléger le rituel d'hier en démocratisant le menu, les évocations nostalgiques d'Henri et la révolte de sa petite-fille nous éclairent sur la force et la fonction des repas traditionnels. Les souvenirs du grand-père nous ont plongés dans un autre monde. Celui des générations passées où la famille commémorait son importance par des rituels compassés. Il en souffrait alors, comme en souffre Hélène, à l'orée de son adolescence. Rien de plus normal, la cérémonie familiale d'antan était orchestrée par les parents, des adultes soumis à l'autorité de leurs propres parents, qui avaient pour mission éducative de soumettre également leurs propres enfants. Car c'est ainsi que fonctionnait la famille traditionnelle, porteuse de valeurs inaltérables, répétées à l'identique.

Une querelle peut en cacher une autre

Les deux générations qui le séparent de sa petite-fille ont changé profondément les choses. Même dans un milieu provincial et aisé, la famille n'est plus le haut lieu de la transmission, elle est devenue le creuset de l'émancipation.

D'où le comportement d'Hélène. Du haut de ses 13 ans, elle ne peut souffrir en silence. Elle est habituée à s'exprimer. Sa classe d'âge a pris la parole et rien dans la société actuelle ne l'incite à prendre son mal en patience. Pour elle, les polémiques autour du menu ne sont que des caches dissimulant l'impossible remise en cause du repas mensuel qui lui pèse. Un repas de famille qui illustre à lui seul ce dont elle commence à vouloir se délester : le cadre parental de son éducation. Un cadre qu'elle entreprend de remettre en question et qu'elle s'autorise à interroger. Avant de le défier, voire de le transgresser, elle questionne son sens.

Ainsi, du rituel poulet au rituel repas, c'est tout le cadre familial qu'elle teste. Et elle porte sa contestation sur le lieu même de la cérémonie, le repas de famille par quoi sa mère tente de concilier l'inconciliable. Son âge en effet n'apprécie pas les compromis et elle sait mieux que personne le prix personnel que paie sa mère pour maintenir l'équilibre et la cohésion de sa famille.

Ce que ne sait pas notre apprentie adolescente, c'est que le cadre qui la gêne est celui-là même qui l'autorise à se rebeller. C'est le cadre que lui a donné son éducation. La structure qu'il lui a offerte lui permet d'exprimer sa révolte à peu de frais. Elle s'offre un petit passage à l'acte, sachant qu'elle n'a porté atteinte à personne d'autre qu'à sa mère, la personne *ad hoc* d'ailleurs pour prendre les premiers coups. Gageons que d'autres algarades les opposeront et les mèneront toutes deux sur le chemin d'une plus grande maturité.

Tous les ados n'ont pas sa chance. Ceux qui ne peuvent secouer le cadre familial, soit pour cause de sa trop grande rigidité, soit pour son insignifiance, sont bien plus mal en point. La crise d'adolescence est une chance pour celui qui peut s'autoriser à remettre en cause un cadre qui tient. Sans s'écrouler, sans se bétonner.

Aujourd'hui, Hélène sort de table et va dans sa chambre. Demain, elle quittera sa famille pour aller vivre sa vie. Entre-temps, le cadre éducatif familial se sera assoupli pour elle, tout en maintenant sa protection. Les rituels seront là pour lui permettre de mesurer le chemin parcouru. Comme la toise ou la marque sur la porte qui garde trace des années passées, ils l'aideront à se voir grandir.

Quelques conseils pour vivre mieux

• Souvenez-vous de l'étymologie du mot compagnie : *compania* du latin *cum* « avec » et *panis* « pain ». C'est le partage du pain qui fait le groupe.

• Si vous en manquez, pourquoi ne pas recréer du rite ? Instaurez un déjeuner complet en famille la plus agrandie possible, auquel on ne dérogera pas pour convenances personnelles. Même si c'est un dimanche de Tour de France. Et tenez bon.

• Intégrez les enfants à ce rituel, ne les laissez pas « subir » la répétition. Les petits se réjouiront avec vous.

• Donnez des responsabilités aux grands : servir les amuse-gueule ou les boissons.

• Et négociez le temps de présence. Un ado peut partir juste après le dessert. Inutile de lui infliger le café et le pousse-café.

• Si ce genre de réunions vous pèse, n'en faites pas une montagne. Réservez une table dans une petite auberge. Ou dans un McDo. Invitez-y la famille proche.

• Ou organisez un grand buffet avec salades et grillades. C'est le moment d'acheter des chips ou de demander aux enfants de tartiner du pâté sur des toasts.

• Ou prévoir un pique-nique familial. Chacun apporte à boire et à manger. On partage.

• Et si vous vous sentez dépassée par l'ampleur de votre projet, dites-vous que vous n'avez pas encore l'âge d'être une matriarche et ne vous en voulez pas trop.

• En revanche, pour Noël ou la fête des Mères, allez chez votre belle-mère de bon cœur.

• Et n'en voulez pas à votre mère de ne pas avoir envie des rituels dont elle a souffert enfant.

• Insistez sur la tenue à table. C'est marquer le respect pour celui qui a préparé le repas, ainsi que pour les autres convives.

• N'oubliez pas de relativiser tout de même. Ici, on ne pose pas les coudes sur la table ; en Grande-Bretagne, on garde ses mains sous la nappe. Ce qui est correct en France ne l'est pas ailleurs, et inversement. Le rappeler aux enfants ne mettra pas en péril votre éducation. Au contraire, les enfants comprennent très bien ce qui relève du code et ce qui est essentiel. Le dire permet de clarifier les choses, ce qui facilite l'assimilation.

VI

À la mode de chez nous... et d'ailleurs

Le pot-au-feu de ma mère

« Je ne sais pas... C'est bon, mais il y a quelque chose que tu as mis, ou que tu n'as pas mis. Je ne retrouve pas exactement le goût du pot-au-feu de ma mère. » La messe était dite, et Sylvie en pleine déroute. Alain, voyant les larmes perler aux paupières de sa jeune épousée, la consola comme seul sait le faire un jeune marié de trois semaines.

Mais cela se répéta. La blanquette n'avait pas l'onctuosité attendue, les champignons n'auraient jamais dû apparaître dans le bourguignon, le gigot était trop aillé. Malgré ses efforts de brave petite ménagère aimant cuisiner et, il faut l'avouer, la bonne volonté du jeune marié qui s'efforçait de répondre honnêtement à ses questions, Sylvie ne put jamais faire comme la mère d'Alain. Elle ne faisait que comme sa propre mère.

Elle passa pourtant du temps dans la cuisine de sa belle-mère, curieuse de comprendre les habitudes culinaires de sa belle-famille. Elle ajouta de la crème dans la blanquette et détesta découvrir que la sauce ne pouvait plus être réchauffée ; elle plongea la viande du pot-au-feu dans l'eau bouillante plutôt que de la mettre dans l'eau froide, et trouva le bouillon bien fadasse.

Elle commit sacrilèges sur sacrilèges sans aucun résultat. Alain ne retrouvait jamais le vrai goût des plats qu'il aimait.

Pour Sylvie, le dilemme était rude : elle ne pouvait se résoudre à abandonner complètement ses trucs à elle. Jusqu'alors, elle avait cuisiné à l'instinct. En suivant d'un œil la recette, pour conserver les proportions, elle se sentait libre, créative. Quand elle suivait à la lettre la recette de sa belle-mère, il lui semblait se débattre avec une langue étrangère. Et elle n'eut jamais le moindre succès, n'emporta jamais l'adhésion totale de son époux. Ni de ses enfants. Par une forme de communion tacite, on préférait toujours la blanquette de Mamie « chez Mamie ».

À tel point qu'un jour, fatiguée et de moins en moins émue de voir ses efforts systématiquement voués à l'échec, elle fit passer un poulet basquaise rapporté tout cuisiné de chez ses beaux-parents pour une de ses réalisations.

« Il me semble que tu as oublié le paprika. Je crois que c'est ça le truc de ma mère. Elle ne te l'avait pas dit, quand tu as pris la recette ? » interrogea le mari, pris en flagrant délit de mauvaise foi.

Sylvie ne dit rien, mais revint à ses propres recettes. S'il voulait la cuisine de sa mère, il n'avait qu'à y aller, chez sa mère !

Petites madeleines

Vit en nous une mémoire olfactive, de l'odeur des feuilles de tomates du jardin de la grand-mère au fumet de poisson du retour de pêche, en passant par l'arôme du romarin et du thym sous le cagnard. Si cela ne fait pas de nous un grand cuisinier, cela colore toutefois notre rapport au monde et à ses saveurs, enracinant profondément notre identité culturelle. Tout parent cherche à transmettre à ses enfants le goût de ses propres « petites madeleines », comme autant d'ancrages de la mémoire, pour ne pas se perdre.

Le principe même de la petite madeleine, c'est qu'on se souvient subrepticement d'une sensation, d'un bout de souvenir éveillé au détour d'une odeur, mais qu'on ne peut pas retenir. Impossible de retrouver la connaissance pleine qu'on en eut un jour. Le souvenir affectif est ainsi, il se laisse entrevoir et se cache ; il réapparaît quand on ne s'y attend pas et, si on s'y attarde, il s'évanouit et se refuse. Le poursuivre est le meilleur moyen de le perdre.

Alain ne cherche pas réellement la cuisine de sa mère, il cherche sa mère ! Sylvie a donc raison d'abdiquer. La lutte était vaine, depuis le début, malgré les bonnes intentions de départ. Le jeune marié attendait de son épouse ce qu'il avait reçu de sa mère, sans s'interroger sur la forme que prendrait un don de nourriture qu'il ne lui était jamais venu à l'esprit d'interroger. Sa jeune femme voulait remplir son rôle, comme elle imaginait devoir le faire, et y mit tout son cœur. Mais une épouse ne sera jamais que la mère de ses propres enfants et jamais, pour un mariage réussi, celle de son mari ! Heureusement, elle reprit son propre style et fit la cuisine à sa propre manière.

Gageons qu'Alain s'y fit. Gageons également que, dans quinze ans, Victor cherchera lui aussi, et peut-être vainement, des champignons dans le bourguignon de sa bien-aimée...

L'ART ET LA MANIÈRE D'ACCOMMODER LES RESTES

À l'instar des autres domaines d'intendance, routiniers, indispensables et discrets, qu'on appelle domestiques, la cuisine familiale est traditionnellement une affaire de femmes. Nos mères et nos grand-mères y excellaient. Elles suivaient le rythme des saisons, des marchés et des potagers. Peu de choses étaient jetées ; tout devait se transformer pour ne pas se perdre. Un art de vivre, une nécessité économique et écologique qui se léguait avec les valeurs, les bijoux et les biens de famille. Modeste mais fondamentale, la part des femmes structurait bien plus que les menus, elle organisait la capacité de la famille à faire face aux intempéries, aux désastres et aux disettes, la capacité d'une femme à gérer le manque comme l'abondance, donnant à la famille sa force de survie.

Même si cette transmission s'est réduite à quelques recettes, voire à quelques vagues harmonies fondamentales, elle est inscrite en nous, hommes ou femmes. C'est une partie importante d'héritage maternel, inconscient, souterrain et traditionnel.

Ingénierie domestique

Dans un monde où les règles de l'économie mondiale font loi, on peut avoir tendance à opposer les termes « économie » et « domestique », le premier indiquant l'extérieur, le second l'intérieur. Ils sont pourtant tous deux fondés sur un même signifiant, l'un venant du grec, l'autre du latin. En effet, *oikos* et *domus* signifient tous deux la même chose : maison. Savoir gérer la maison, non seulement la « tenir » mais l'organiser, comme penser les menus et accommoder les restes, nécessite intelligence, ingéniosité, vigilance, prospective, initiative et... surtout beaucoup d'énergie. *A fortiori*, de nos jours, où les femmes travaillent aussi à l'extérieur.

Il faut savoir se faire aider, en commençant par apprendre à nos familles à apprécier notre cuisine. Si, en plus de préparer un pot-au-feu le dimanche, pour faire de la salade de bœuf et de la soupe les lundi, mardi et mercredi, il faut retrouver la cuisson de la belle-mère, la vie ressemble à une course d'obstacles infranchissables. Comme pour la cuisine, dans la maison, le maître à bord est celui qui est tout le temps sur le pont. Ne laissez pas la nostalgie de votre époux vous rendre la vie impossible. Si vous travaillez dehors, affirmez votre droit au repos et inscrivez le partage des tâches au menu de chaque jour. Si vous êtes femme au foyer, faites de même ! C'est souvent la culpabilité qui rend les femmes dépendantes de leur cuisine et prêtes à se plier aux exigences des autres. Tentez de vous débarrasser de ces scories d'un autre âge, et allégez la vie de tous. Car la culpabilité d'une mère et d'une épouse ne facilite la vie de personne.

Comprenons ensemble

Les goûts et les odeurs

Notre culture familiale constitue une des bases de notre identité : l'identité de filiation, celle qui nous relie aux générations passées. Celle dont on hérite, qu'on ne choisit pas et qu'on met parfois toute une vie à s'approprier. Il s'agit d'un véritable humus générationnel qui, même à notre insu, nous fonde et nous ancre dans l'histoire des lignées qui nous ont précédées.

Dans cet héritage, les goûts et les odeurs tiennent une place fondamentale. Ils nous enracinent dans un terroir, une histoire, des mythes familiaux. Ils proviennent de la mémoire de nos parents et de nos souvenirs d'enfance, et imprègnent beaucoup de nos habitudes, de nos goûts, de nos préférences. La vie courante en est truffée : traditions domestiques, manières de faire, à table et en cuisine, interdits religieux et moraux, sensibilité olfactive et gustative, conventions et tabous culinaires, goûts et dégoûts alimentaires...

Cette richesse patrimoniale inconsciente peut rester latente, sans plus poser de problème qu'un patronyme, un prénom, un accent. Mais elle peut également faire souffrir celui qui cherche ses racines ou souffre de ses origines. Qu'elle fasse défaut ou qu'elle encombre, elle peut alors venir nourrir bien des conflits conjugaux, en servant d'argument et d'outils dans la guerre amoureuse et familiale que se livrent parfois les époux.

La richesse de l'invention

Si cette guerre culinaire passe souvent par les femmes, par les mères, c'est qu'elle a aussi pour enjeu la possession des hommes, et le marquage du territoire domestique, de la maison, de ce qu'on appelle l'« intérieur ». En effet, bien souvent, les maris prennent leur temps pour se séparer de leur enfance. Certains d'entre eux restent même collés au fumet familial, résistant à quitter la protection imaginaire que semble promettre le bien connu ragoût familial.

Si la jeune épouse n'a pu supplanter sa belle-mère dans l'assiette de son mari, tout son art de jeune mère va s'employer à enchanter celle de ses enfants. Qu'elle utilise pour cela ses propres richesses générationnelles, la référence à sa mère et à ses aïeules, ou qu'elle puise son savoir dans un livre de cuisine, en mitonnant un ragoût ou en décongelant des barquettes au micro-ondes, il lui faut prendre place dans sa nouvelle famille pour exister, pour être reconnue et libérer tout le monde du passé.

Car le passé ne nous féconde que si l'on sait en faire son miel. Le digérer et l'améliorer. Tradition n'est pas commémoration. En cuisine comme ailleurs, une culture n'est féconde que lorsqu'elle évolue, s'enrichissant des trouvailles du présent pour mieux préparer l'avenir.

Dieu, le jambon et les chiens

« À la cantine, il y a un nouveau, il mange pas de jambon. Pourquoi il en mange pas, Maman ? C'est bon le jambon, mais tu vois, lui, il a jamais goûté, il dit que c'est Dieu qui veut pas qu'il mange du jambon. Mais Dieu, il m'a jamais dit que je devais pas manger de jambon, à moi. Tu crois que je vais pas aller au paradis si je mange du jambon, dis, Maman ? »

Alice reste silencieuse et perplexe. Mais pourquoi Hervé n'est-il jamais là quand on a besoin de lui ?

« Eh bien, mon chéri, tout le monde n'a pas la même religion et...

— C'est quoi une religion ? C'est avec du chocolat ?

— Non mon cœur, ça c'est une religieuse. Une religion, c'est quand l'on respecte certaines règles de vie et de prière pour honorer Dieu.

— Et moi, j'ai quoi comme religion ?

— Eh bien, mon chéri, ton papa et moi avons décidé que tu pourrais choisir plus tard. Donc nous n'avons pas de religion...

— Mais alors comment tu fais pour norrer Dieu ? »

Et voilà, je suis encore coincée, pense Alice. La porte d'entrée s'ouvre et crée une diversion bienvenue. Après les salutations et embrassades à toute la famille, Hervé s'assoit sur une chaise et ouvre le journal.

« Tiens, ils parlent du Viêt-nam. Tu te souviens de Chen, mon collègue vietnamien. Eh bien, il nous a raconté ce midi que le repas de fête de son village, en l'honneur des dieux, c'était un barbecue... de chien !

— Oh, Hervé, pas devant le petit, ça va encore le traumatiser ! »

Mais Antoine n'a pas l'air choqué, il est juste pensif.

« Alors, Dieu, il aime pas le jambon, mais il aime bien les chiens ? »

Les tabous alimentaires

La plupart des sociétés humaines se sont structurées autour de tabous alimentaires, liés généralement à la pratique religieuse. Ces interdictions peuvent porter sur un aliment ou sur une période. Ainsi, chez nous, les cantines proposent souvent du poisson au menu le vendredi. Les enfants savent-ils pourquoi ? Notre école laïque ne leur rappelle pas qu'on commémore la crucifixion du Christ silencieusement selon une tradition religieuse ancrée jusque dans notre République. Car si la religion est moins présente dans la vie quotidienne que par le passé, elle a structuré notre société de manière inaltérable. De nombreuses fêtes carillonnées scandent notre calendrier scolaire. De Noël – naissance du Christ – à Pâques – sa mort et sa résurrection –, en passant par la Pentecôte ou la Toussaint. Autant de rituels chrétiens, fondements de la civilisation européenne.

Ainsi, nous avons perdu le respect du carême mais gardé l'idée du Mardi gras, qui précédait le premier jour du carême et porte en son nom la connotation alimentaire : c'était, en gros, le dernier jour avant la restriction du jeûne. Un jeûne qui n'est d'ailleurs pas l'apanage de la société chrétienne, loin s'en faut, comme le prouve l'importance du ramadan pour les musulmans.

Les chemins de la connaissance et de la tolérance

En ces temps de mondialisation et d'élargissement de l'Europe, les références chrétiennes, tout en restant fondamentales, peuvent-elles rester uniques ? Qu'on l'apprécie ou non, la deuxième religion la plus pratiquée en France est l'islam. Que l'on soit soi-même pratiquant, agnostique ou farouchement athée, pourquoi ne pas enseigner à nos enfants la multiplicité des pratiques religieuses dans le monde et en France ?

Les connaissances en histoire religieuse se perdent beaucoup plus facilement que les habitudes qui imprègnent le quotidien. Le maître-mot en ces matières délicates, à l'heure où les fondamentalismes de tout poil inondent la planète, est le respect, même s'il n'y a pas de véritable compréhension des rites des autres.

Rien ne nous force à manger du chien, mais il serait assez inefficace de prôner l'ouverture d'esprit et de multiplier les signes de dégoût à l'encontre des habitudes exotiques que l'on ne comprend pas. Car les enfants ne sont pas dupes, et les grands discours sur l'égalité entre les peuples et le relativisme culturel ne résistent pas à une réaction de défiance au quotidien, qu'on se situe dans le domaine alimentaire ou pas. Alors si l'on souhaite ouvrir ses enfants au monde, ouvrons-nous également dans le même temps.

La multiplicité des choix alimentaires est un des signes de la richesse de notre société occidentale.

Mais l'usage qui en est fait la plupart du temps est plus proche du consumérisme que de l'ouverture à la connaissance des diversités culturelles. La cuisine d'ailleurs, tabous y compris, peut nous permettre de nous ouvrir aux autres, de les mieux comprendre. Une position intérieure qui me semble importante dans l'éducation. Les chemins de la connaissance et de la tolérance passent aussi par l'assiette.

L'EXOTISME À TABLE

Préparer du chien est impossible en France, en revanche les rouleaux de printemps et autres nems se trouvent aisément maintenant en grande surface. Nous avons pris l'habitude de manger des mets d'ailleurs, toutefois largement occidentalisés. Il faut pourtant bien indiquer à nos chères têtes blondes les origines de chacun des plats dont ils raffolent. Par exemple, que les nouilles sont à l'origine chinoises et que les pizzas italiennes diffèrent selon qu'elles sont préparées au nord ou au sud de la péninsule : au nord, du côté de Gênes par exemple, la pâte est épaisse et moelleuse ; au sud, elle est très fine.

L'exotisme, dans ce qu'il a de découvertes voire de « risques » – risque de ne pas aimer, d'être gêné par un goût, une texture –, semble s'être amenuisé au fur et à mesure que les gondoles des supermarchés se sont remplies de produits d'origine étrangère. Car il y a dans la nourriture les mêmes effets secondaires de la mondialisation – en tant qu'ouverture de notre société à d'autres moins connues – que dans la culture en général : plus que la diversification, le résultat tend à l'homogénéisation. Les pizzas américaines surchargées en fromage ont la même base que les lasagnes surgelées et que les hamburgers : un savant mélange de graisse et de sucre, sans aspérités ni saveurs distinctes. Les enfants adorent, c'est normal, c'est doux, sucré, facile à manger. À nous, adultes, parents, de savoir proposer également un peu de découverte, d'étranger, d'inhabituel, pour que nos enfants évitent l'écueil des difficultés alimentaires. Car manger est un plaisir qui s'apprécie aussi dans la diversité et la découverte.

Comprenons ensemble

Le pain et l'esprit

Purification, pardon, communion, partage, les rituels alimentaires marquent nos religions et notre mémoire collective comme autant d'actes symboliques tissant le quotidien des hommes dans leur spiritualité. Même qui n'y adhère pas a besoin d'en savoir quelque chose. En méconnaître l'importance, c'est ignorer que l'humain n'est pas fait que de raison, et que toute culture est fortement imprégnée de l'indispensable ancrage symbolique qui nous a permis de nous extraire de notre origine animale.

Ainsi, dans l'éducation familiale, la connaissance des coutumes alimentaires peut permettre à l'enfant de comprendre la manière dont nos voisins se représentent le monde, le pur et l'impur, le profane et le sacré, les injonctions et les restrictions alimentaires lui donnant à percevoir l'intense complexité de sa propre humanité.

Certes, il lui sera toujours plus aisé de comprendre qu'on ne mange pas nos animaux de compagnie que d'éprouver de l'appétit pour la chair, qu'on dit pourtant subtile, des sauterelles grillées. Mais faire l'effort de voir comment mangent les enfants d'autres pays, issus d'autres cultures, d'autres histoires, sous d'autres climats, sous d'autres influences, peut lui ouvrir, sinon l'appétit, du moins, le monde.

Sans renier ou dénigrer pour autant sa propre histoire, sa propre culture.

L'intégrisme culinaire

Dans la vie souvent, dans la cuisine toujours, tout est affaire de dosage : l'excès devient vite poison. L'argument culturel familial n'échappe pas à la règle. Comme toute référence identitaire, il peut devenir envahissant, totalitaire. Si l'intégrisme menace votre cuisine, elle ne sera pas bien digeste.

Hors tout contexte strictement religieux, que nous ne pouvons aborder ici, vénérer les traditions culinaires au point de refuser de modifier ses habitudes, ériger en diktat la moindre recette, dénigrer toute improvisation peut être un formidable levier de résistance pour qui sent ses origines incertaines ou son avenir menacé. Le passé sert alors de paravent pour qui refuse de voir clairement son présent et se sent incapable de s'ouvrir aux innovations et incertitudes de l'avenir. L'altérité, le changement et la diversité deviennent des dangers. Et cette résistance-là peut passer par l'assiette et les manières de la table. On se refusera alors à jamais les plaisirs d'un kebab ou d'un fast-food, sous prétexte de diététique, comme on bannira la cuisine à l'huile parce qu'on est d'origine normande et louchera avec dédain sur les taboulés et autres couscous venus d'ailleurs.

L'OUVERTURE AU MONDE

Car les enfants d'aujourd'hui seront les enfants du monde. On ne peut leur souhaiter de vivre dans un musée, là où seraient conservés intactes les valeurs et les aliments qui ont construit l'identité imaginaire de leurs ancêtres. En effet, la cuisine a toujours ajouté des épices à son sel, des pommes de terre à ses choux, et su allègrement marier les ingrédients du monde à ceux du jardin.

De l'orange de Noël que racontaient les vieilles grands-mères aux produits du commerce équitable, l'exotisme alimentaire fait partie de notre quotidien. Certes, nos chats et nos chiens resteront des animaux de compagnie pour nos enfants, et les sauterelles n'agrémenteront que les plats de quelques esthètes amoureux d'émotions fortes, mais les supermarchés proposent régulièrement de nouveaux mets, exotiques hier, familiers aujourd'hui.

Ainsi, du sein au monde, l'univers de l'enfant s'élargit. Quand il était petit, il s'est gorgé du lait nécessaire à sa croissance ; par la tétine ou le téton, il a vivement aspiré la force du monde. En grandissant, il s'est initié aux plaisirs de la table familiale et à ses rituels socialisants. Vient alors le temps des explorations, des découvertes, celui des surprises du monde. Une aventure qui n'ôte aucun de ses charmes à la petite madeleine dans la tasse de thé, mais l'aide à se sentir au cœur d'un monde plus grand que lui, plus grand que son histoire, plus grand que sa famille.

Quelques conseils pour vivre mieux

• Fonder une famille, c'est créer une nouvelle histoire familiale.

• La cuisine étant un mélange de tradition et d'inventivité, il serait dommage de ne jamais évoluer.

• Faire des efforts pour ceux qu'on aime ne coûte pas. À tout âge, on peut apprendre à faire plaisir.

• Mieux que votre propre mère ou que votre belle-mère, c'est votre art culinaire à vous que vous devez imposer.

• C'est celui qui cuisine qui décide. Si vos chéris critiquent constamment, laissez-les faire, poussez-les à faire, en un mot ne faites plus. Les conseilleurs sont de mauvais payeurs. Testez donc leurs talents de cuisinier.

• Pensez à redistribuer les rôles. Il n'aime pas votre blanquette, vous ne pouvez pas manger ses tomates farcies ? Intervertissez ! Chacun dénichera bien une recette qui sera SA recette. C'est bon pour l'histoire familiale que vous écrivez.

• Inventez ! Personne n'ira rechercher votre tante Adèle ou votre grand-mère Berthe morte depuis l'hiver 75 pour vérifier la recette du goulasch à la hongroise que vous arborez fièrement comme transmise par vos ancêtres. Même si elle provient du livre de recettes que vous avez acquis avec votre première Cocotte-Minute, cela ne regarde que vous. L'histoire que vous raconterez à vos enfants rendra la recette encore meilleure.

• Cuisiner, c'est aussi transmettre et tisser une trame familiale pour que vos enfants grandissent en confiance et en sécurité.

• Par la cuisine et l'alimentation en général, on peut apprendre et enseigner des valeurs humaines.

• Essayez de ne pas limiter l'exotisme à la restauration rapide à côté du centre commercial !

• En mangeant, on peut voyager, pas uniquement dans d'autres pays mais aussi dans d'autres cultures.

• L'ouverture au monde n'est pas uniquement un grand principe ; c'est également un véritable plus pour votre enfant, qui est destiné, ne l'oubliez jamais, bien plus tôt que vous ne pensez, à naviguer dans le monde extérieur à votre amour.

• En trois mots : amour, cuisine et tolérance !

Conclusion

Cuisiner c'est transformer. Élaborer, mélanger, présenter. C'est faire se rencontrer des aliments, des ustensiles, des manières de faire et un art de vivre. C'est un peu la même chose dans une famille : chacun a sa personnalité, ses goûts et ses odeurs, et chacun doit vivre avec les autres, en paix avec lui-même et en bonne intelligence avec le monde extérieur. Ainsi, la cuisine est comme un creuset, celui de la création d'une famille, mêlant et mixant des éléments aussi hétérogènes que père et mère, filles et garçons, bébé et ados, gourmands et chipoteurs, mais aussi de la solidification de cette famille, à travers ses rituels et ses fêtes, et enfin celui de l'extériorité à cette famille, par les manières de la table et l'ouverture au monde.

Plus qu'un livre de recettes ou de pédagogie diététique, nous proposons un passeport pour l'aventure culinaire familiale. Les analyses et les conseils proposés ici ont été éprouvés, usés au frottement du quotidien, testés, mijotés et goûtés. Ils dessinent ainsi un itinéraire éducatif et gourmand qui permet de regarder les courses, les casseroles et les repas d'un œil apaisé. Autrement dit, cesser de batailler pour faire manger sa famille, cesser de stresser sur les menus, d'angoisser sur les repas, de loucher sur l'assiette des uns ou sur les rondeurs des autres. Cesser de se ronger, mais pas cesser de s'en occuper !

En effet, la cuisine, antre culturel et familial, où mijotent notre passé et celui de nos ancêtres, peut facilement se transformer en piège diététique, en traquenard affectif, en drame conjugal ou en tragédie familiale. Elle peut aussi nous donner l'énergie nécessaire pour une réelle ouverture sur le monde. Pour cela, il n'est pas inutile de prendre le temps d'une rêverie sur soi-même, son histoire, son couple, ses enfants et ses projets. Car pour la nourriture, comme dans le reste de la vie quotidienne familiale, le recul et la distance sont les formules magiques qui permettent de vivre mieux. Prendre le temps de respirer, de lever le nez du fourneau, du biberon ou du frigo, imaginer un pique-nique, un buffet, des tartines, essayer de nouveaux produits, inventer, improviser, faire participer, voilà peut-être un début de solution, les ingrédients de base pour concocter sa propre recette du bonheur, s'en régaler et en régaler les autres.

Pour finir, nous pourrions résumer quelques points, en guise de viatique :

1) Sein ou biberon, tétine ou téton : savoir ce qu'on veut, faire ce qu'on peut. Le meilleur ne vaut rien à contrecœur.

2) Pédiatre, médecins, belle-mère, livres, conseils : s'informer, écouter, dormir pour assimiler... Votre meilleure conseillère, c'est vous. Faites-vous confiance. Que votre enfant ait 3 mois, 3 ou 13 ans, le conseil est toujours bon.

3) Produits surgelés, conserves, frais... Du placard, du jardin ou du marché, tout se cuisine, tout se transforme.

4) LISEZ LES ÉTIQUETTES ! Il y a du sucre et du sel caché et ajouté dans tous les produits industriels. Même dans les petits pots pour bébé à la carotte (qui est un des légumes les plus sucrés...) ! et apprenez à vos enfants à les lire.

5) Mieux vaut manger moins et mieux. Optez pour la qualité en ce qui concerne le viande et le poisson. Si vous avez une famille nombreuse et affamée, servez moins de viande à chacun, mais plus de féculents et de légumineuses. Tout le monde s'en portera mieux, famille et budget.

6) Faites-vous aider. Invitez enfants et mari à participer à la cuisine. De la conception du menu au nettoyage des ustensiles et des fourneaux. C'est

en cuisinant que les petits difficiles deviennent de grands gourmets.

7) N'autorisez aucun grignotage. Quand un enfant a faim, il mange... à table ! et surveillez vos troupes, car l'affaire est dure à tenir.

8) N'oubliez pas l'apprentissage des bonnes manières, c'est le gage d'une bonne sociabilité. Mais n'en faites pas un dressage cruel. Il y a manière et manière d'enseigner les bonnes manières !

9) Ne jetez pas l'anathème totalement sur les fast-foods, les sandwichs et les kebabs, mais équilibrez les menus de la semaine. En en privant les enfants, on rend le hamburger terriblement attirant.

10) Bannissez la télé des repas ! Il y a mieux à faire ensemble : se regarder, s'écouter, parler.

Et surtout... faites ce que vous voulez !

TABLE

Bien-être, des livres qui vous font du bien

Psychologie, santé, sexualité, vie familiale, diététique... : la collection Bien-être apporte des réponses pratiques et positives à chacun.

Psychologie

Thomas Armstrong • Sept façons d'être plus intelligent -n° 7105

Jean-Luc Aubert et Christiane Doubovy • Maman, j'ai peur – Mère anxieuse, enfant anxieux ? - n° 7182

Anne Bacus et Christian Romain • Libérez votre créativité ! - n° 7124

Anne Bacus-Lindroth • Murmures sur l'essentiel – Conseils de vie d'une mère à ses enfants - n° 7225

Simone Barbaras • La rupture pour vivre - n° 7185

Martine Barbault et Bernard Duboy • Choisir son prénom, choisir son destin - n° 7129

Doctor Barefoot • Le guerrier urbain - n° 7359

Deirdre Boyd • Les dépendances - n° 7196

Nathaniel Branden • Les six clés de la confiance en soi - n° 7091

Sue Breton • La dépression - n° 7223

Jack Canfield et Mark Victor Hansen •
Bouillon de poulet pour l'âme - n° 7155
Bouillon de poulet pour l'âme 2 - n° 7241
Bouillon de poulet pour l'âme de la femme *(avec J.R. Hawthorne et M. Shimoff)* - n° 7251
Bouillon de poulet pour l'âme au travail - *(avec M. Rogerson, M. Rutte et T. Clauss)* - n° 7259

Kristine Carlson • Ne vous noyez pas dans un verre d'eau... à l'usage des femmes - n° 7487

Richard Carlson •
Ne vous noyez pas dans un verre d'eau - n° 7183
Ne vous noyez pas dans un verre d'eau... en famille ! - n° 7219
Ne vous noyez pas dans un verre d'eau... en amour ! *(avec Kristine Carlson)* - n° 7243
Ne vous noyez pas dans un verre d'eau... au travail - n° 7264
Ne vous noyez pas dans un verre d'eau... à l'usage des hommes - n° 7718
Ne vous noyez pas dans un verre d'eau... à l'usage des couples - n° 7884

Steven Carter et Julia Sokol • Ces hommes qui ont peur d'aimer - n° 7064

Chérie Carter-Scott •
Dix règles pour réussir sa vie - n° 7211
Si l'amour est un jeu, en voici les règles - n° 6844

Loly Clerc • Je dépense, donc je suis ! - n° 7107

Guy Corneau •
N'y a-t-il pas d'amour heureux ? - n° 7157
La guérison du cœur - n° 7244
Victime des autres, bourreau de soi-même - n° 7465

Lynne Crawford et Linda Taylor • La timidité - n° 7195

Dr Henri Cuche •Je vais craquer - n° 7850

Sonia Dubois • Coachez vos vies - n° 7739

Dr Christophe Fauré • Vivre le deuil au jour le jour - n° 7151

Thierry Gallois • Psychologie de l'argent - n° 7851

Dr Christian Gay et Jean-Alain Génermont • Vivre avec des hauts et des bas - n° 7024

Daniel Goleman •
L'intelligence émotionnelle - n° 7130
L'intelligence émotionnelle 2 - n° 7202

John Gray • Les hommes viennent de Mars, les femmes viennent de Vénus - n° 7133
Une nouvelle vie pour Mars et Vénus- n° 7224
Mars et Vénus, les chemins de l'harmonie - n° 7233
Mars et Vénus, 365 jours d'amour - n° 7240
Les enfants viennent du paradis - n° 7261
Mars et Vénus ensemble pour toujours - n° 7284
Mars et Vénus au travail - n° 6872
Mars et Vénus - Petits miracles au quotidien - n° 6930
Mars et Vénus se rencontrent - n° 7360

Marie Haddou •
Savoir dire non - n° 7178
Avoir confiance en soi - n° 7245
Halte au surmenage - n° 7278

James Hillman •
Le code caché de votre destin - n° 7256
La force du caractère - n° 6477

Evan Imber-Black • Le poids des secrets de famille - n° 7234

Sam Keen •
Être un homme - n° 7109
Aimer et être aimé - n° 7262

Dr Barbara Killinger • Accros du boulot - n° 7116

Dr Gérard Leleu •
De la peur à l'amour - n° 7026
Amour et calories - n° 7139
La fidélité et le couple - n° 7226
L'intimité et le couple - n° 7260

L'écologie de l'amour - n° 7275
L'art de bien dormir à deux - n° 7467

Patrick Lemoine • Séduire- n° 7753

Jean-Claude Liaudet •
Dolto expliquée aux parents - n° 7206
La psychanalyse sans complexes - n° 7270
Telle fille, quel père ? - n° 7466

Ursula Markham •
Le deuil - n° 7230
Les traumatismes infantiles - n° 7231

Bernard Martino • Le bébé est une personne - n° 7094

Pia Mellody • Vaincre la dépendance - n° 7013

Yannick Noah • Secrets, etc. - n° 7150

Robin Norwood •
Ces femmes qui aiment trop – 1 - n° 7020
Ces femmes qui aiment trop – 2 - n° 7095

Armelle Oger • Et si l'on changeait de vie - n° 7258

Dr Xavier Pommereau • Quand l'adolescent va mal - n° 7147

Dr Henri Rubinstein • La dépression masquée - n° 7214

Jacques Salomé •
Papa, maman, écoutez-moi vraiment- n° 7112
Apprivoiser la tendresse - n° 7134

Elaine Sheehan • Anxiété, phobies et paniques - n° 7213

Barbara Sher et Barbara Smith • Vous êtes doué et vous ne le savez pas - n° 7141

Mariette Strub • Comment le dire ? - n° 7913

Nita Tucker • Le grand amour pour la vie - n° 7099

Jean-Didier Vincent • Le cœur des autres - n° 7752

Isabelle Yhuel •
Mère et fille, l'amour réconcilié - n° 7161
Quand les femmes rompent - n° 7201

Santé

R. Aron-Brunetière • La beauté et les progrès de la médecine - n° 7006

Joanna Bawa • Santé et ordinateur : le guide quotidien - n° 7207

Dr Martine Boëdec • L'homéopathie au quotidien - n° 7021

Dr Jacques Boulet • Se soigner par l'homéopathie - n° 7165

Julia Buckroyd • Anorexie et boulimie - n° 7191

Dr Jean-Pierre Cahané et Claire de Narbonne • Nourritures essentielles - n° 7168

Dr Laurent Chevallier, Danielle Verdié-Petibon • Soigner l'arthrose - n° 7885

Jean-Pierre Clémenceau • Belle et mince après bébé - n° 8207

Chantal Clergeaud • Un ventre plat pour la vie - n° 7136

Bruno Comby • Libérez-vous du tabac ! - n° 7012

Dr Lionel Coudron •
Stress, comment l'apprivoiser - n° 7027
Mieux vivre par le yoga - n° 7115

Dr David Élia •
Comment rester jeune après 40 ans Version femmes - n° 7111
Le bonheur à 50 ans - n° 7184
50 ans au naturel - n° 6828

Pierre Fluchaire •
Bien dormir pour mieux vivre - n° 7005
Plus jamais fatigué ! - n° 7015

Claire Fontaine • Vivre ! - n° 7218

Sylvia Gaussen • Le guide de l'après-accouchement - n° 7673

Nicole Gratton • Les secrets de la vitalité - n° 7634

Dr Pierrick Hordé •
Allergies, le nouveau fléau ? - n° 7248
Le guide des allergies aux pollens - n°7965

Arthur Janov • Le corps se souvient - n° 7257

Chris Jarmey • Le shiatsu - n° 7242

Dr Michel Lecendreux • Le sommeil - n° 7280

Dr Gérard Leleu • Le traité du plaisir - n° 7093

Claudie Lepage • Le nouvel âge d'or de la femme - n° 7274

Antoine Lorcy • Rester jeune - n° 8035

Maurice Mességué • C'est la nature qui a raison - n° 7028

Dr Sylvain Mimoun • Des maux pour le dire - n° 7135

Peter Mole • L'acupuncture - n° 7189

Paule Neyrat • Les vertus des aliments - n° 7265

Lionelle Nugon-Baudon et Évelyne Lhoste • Maisons toxiques - n° 7229

Pierre et Florence Pallardy • La forme naturelle - n° 7007

Jean-Yves Pecollo •
La sophrologie - n° 3314
La sophrologie au quotidien - n° 7101

Vicki Pitman • La phytothérapie - n° 7212

Jocelyne de Rotrou •
La mémoire en pleine forme - n° 7087
La tête en pleine forme - n° 7199

Josette Rousselet-Blanc • La beauté à l'ancienne - n° 7670

Josette et Vincent Rousselet-Blanc • Les remèdes de grands-mères - n° 7272

Dr Hubert Sacksick • Les hormones - n° 7205

Jon Sandifer • L'acupression - n° 7204

Béatrice Sauvageot et Jean Métellus • Vive la dyslexie ! - n° 7073

Debbie Shapiro • L'intelligence du corps - n° 7208

Sidra Shaukat • La beauté au naturel - n° 7222

Rochelle Simmons • Le stress - n° 7190

André Van Lysebeth • J'apprends le yoga - n° 7197

Dr Andrew Weil •
Huit semaines pour retrouver une bonne santé - n° 7193
Le corps médecin - n° 7210
Le guide essentiel de la diététique et de la santé - n° 7269

Diététique

Marie Binet et Roseline Jadfard • Trois assiettes et un bébé - n° 7113

Edwige Antier • Les recettes d'Edwige - n° 7888

Julie Bocage • Mince toute l'année - n° 7488

Dr Alain Bondil et Marion Kaplan •
Votre alimentation - n° 7010
L'âge d'or de votre corps - n° 7108

André Burckel • Les bienfaits du régime crétois - n° 7247

Dr Laurent Chevallier •
Votre assiette santé - n° 7632
L'alimentation des p'tits loups - n° 7747

Dr Jean-Michel Cohen •
Savoir maigrir - n° 7266
Au bonheur de maigrir - n° 6893
Bien manger en famille (avec Myriam Cohen) - n° 7929

Sonia Dubois •
Maigrissons ensemble ! - n° 7120
Restons minces ensemble ! - n° 7187
À chacun son régime ! - n° 7512

Dr Pierre Dukan • Je ne sais pas maigrir - n° 7246

Madeleine Gesta • La méthode Gesta - n°8216

Suzi Grant • 48 heures - n° 7559

Maggie Greenwood-Robinson • Le régime bikini - n° 7560

Annie Hubert • Pourquoi les Eskimos n'ont pas de cholestérol - n° 7125

Dr Catherine Kousmine • Sauvez votre corps ! - n° 7029

Linda Lazarides • Le régime anti-rétention d'eau - n° 6892

Marianne Leconte • Maigrir - Le nouveau bon sens - n° 7221

Colette Lefort • Maigrir à volonté - n° 7003

Michelle Joy Levine • Le choix de la minceur - n° 7267

Michel Montignac •
Je mange donc je maigris... et je reste mince ! - n° 7030
Recettes et menus Montignac - n° 7079
Recettes et menus Montignac 2 - n° 7164
Comment maigrir en faisant des repas d'affaires - n° 7090
La méthode Montignac Spécial Femme - n° 7104
Mettez un turbo dans votre assiette - n° 7117
Je cuisine Montignac - n° 7121
Restez jeune en mangeant mieux - n° 7137
Boire du vin pour rester en bonne santé - n° 7188

Dr Philippe Peltriaux et Monique Cabré • Maigrir avec la méthode Peltriaux - n° 7156

Nathalie Simon• Mangez beau, mangez forme - n° 7126

Dr Catherine Serfaty-Lacrosnière • 12 semaines pour maigrir et affiner sa silhouette - n° 7930

Bienêtre

8336

Composition Nord Compo
Achevé d'imprimer en France (Manchecourt)
par Maury-Eurolivres
le 15 avril 2007.
Dépôt légal avril 2007. EAN 9782290004425

Éditions J'ai lu
87, quai Panhard-et-Levassor, 75013 Paris
Diffusion France et étranger : Flammarion